扫码听音频

给孩子的 小古文 100课

下册

李凌光 主编

中国出版集团
中译出版社

图书在版编目（CIP）数据

给孩子的小古文 100 课：全 2 册 / 李凌光主编. -- 北京：中译出版社，2021.7

（文学小口袋）

ISBN 978-7-5001-6668-9

Ⅰ.①给… Ⅱ.①李… Ⅲ.①文言文 – 小学 – 教学参考资料 Ⅳ.① G624.203

中国版本图书馆 CIP 数据核字（2021）第 101852 号

给孩子的小古文 100 课 下册

GEI HAIZI DE XIAO GUWEN 100 KE

出版发行 / 中译出版社
地　　址 / 北京市西城区车公庄大街甲 4 号物华大厦 6 层
电　　话 /（010）68359376　68359303　68359101
邮　　编 / 100044
传　　真 /（010）68357870
电子邮箱 / book@ctph.com.cn
责任编辑 / 顾客强　王　滢
封面设计 / 韩志鹏
印　　刷 / 山东新华印务有限公司
经　　销 / 新华书店
规　　格 / 650mm × 920mm　1/16
印　　张 / 20
字　　数 / 250 千字
版　　次 / 2021 年 7 月第 1 版
印　　次 / 2021 年 7 月第 1 次

ISBN 978-7-5001-6668-9　　定价：52.00 元（全 2 册）

版权所有　侵权必究

中 译 出 版 社

目录

第九辑　勤学苦读

第51课　不耻下问……………………2

第52课　怀素写字……………………5

第53课　勤　训………………………8

第54课　响遏行云……………………11

第55课　欧阳修苦读…………………14

第56课　桓荣勤学……………………17

第57课　铁杵磨成针…………………20

第十辑　鸿鹄之志

第58课　祖逖闻鸡起舞………………24

第59课	鸿鹄之志	27
第60课	乘长风破万里浪	30
第61课	范仲淹有志于天下	33
第62课	班超素有大志	36
第63课	陈蕃欲扫天下	39

第十一辑　自强不息

第64课	卧薪尝胆	42
第65课	苏秦刺股	45
第66课	天将降大任于是人也	48
第67课	蜀鄙二僧	51
第68课	邴原泣学	53
第69课	戴渊投剑	56

第十二辑　精忠报国

第70课	岳飞治军	60
第71课	取义成仁	63
第72课	苏武牧羊	65

第 73 课　木兰从军 …………………… 68

第 74 课　飞将军李广 ………………… 71

第 75 课　去病无家 …………………… 74

第十三辑　孝亲敬师

第 76 课　子夏问孝 …………………… 78

第 77 课　爱　弟 ……………………… 81

第 78 课　程门立雪 …………………… 84

第 79 课　黄香温席 …………………… 87

第 80 课　煮粥待姊 …………………… 90

第 81 课　林琴南送米于师 …………… 93

第 82 课　陆绩怀橘 …………………… 96

第十四辑　勤政爱民

第 83 课　道千乘之国 ………………… 100

第 84 课　陶侃惜谷 …………………… 102

第 85 课　齐王使使者问赵威后 ……… 105

第 86 课　郑板桥开仓济民 …………… 108

第87课　处之不易 …………………… 111

第88课　宋仁宗忍饿 ………………… 114

第十五辑　诚心守诚

第89课　伯牙绝弦 …………………… 118

第90课　吴起守信 …………………… 121

第91课　商鞅立木建信 ……………… 124

第92课　文侯守信 …………………… 127

第93课　曾参教子 …………………… 130

第94课　晏殊诚实 …………………… 133

第十六辑　正己修身

第95课　大学之道 …………………… 136

第96课　吾日三省吾身 ……………… 139

第97课　诫子书 ……………………… 142

第98课　许衡不食无主之梨 ………… 145

第99课　徐文贞宽厚 ………………… 148

第100课　吕蒙正不计人过 …………… 151

第九辑 勤学苦读

不耻下问

《论语·公冶长》

子贡①问曰:"孔文子②何以谓之'文'也?"子曰:"敏而好学,不耻③下问④,是以谓之'文'也。"

字词小贴士

① 子贡：姓端木，名赐，字子贡。孔子的弟子，"孔门十哲"之一。
② 孔文子：卫国大夫，名圉（yǔ），谥号"文"。
③ 耻：形容词的意动用法，以……为耻。
④ 下问：指向地位、学问不如自己的人请教。

古文转换站

子贡问孔子："孔文子是凭借什么才得到'文'的谥号呢？"孔子说："他聪敏而又好学，不把向地位、学问比自己低的人请教看作是耻辱的事，因而得到'文'的谥号。"

古文趣味多

古文中的意动用法

意动用法是古汉语中重要的语法现象之一，其中包括形容词的意动用法和名词的意动用法。一般可译为"认为……""以……为……""对……感到……"等。名词的意动用法，例如："故人不独亲其亲，不独子其子"（《礼记·礼运》），其中第一个"亲"译为"以……为亲"，第一个"子"译为"以……为子"。形容词的意动用法，例如："而耻学于师"中的"耻"，意思是"以……为耻"。

"谥号"是什么？

谥号是我国古代的一种文化现象，指古人死后，后人依其生平事迹而给出的评价性的称号。帝王的谥号一般由礼官商议决定；官员的谥号由朝廷赐予；一般文人学士或隐士的谥号由其亲友、门生或故吏所加，称为"私谥"，与朝廷颁赐的不同。

智慧修炼场

1.读古文,填一填。

(1)(　　　)向孔子请教"何以谓之'文'"。

(2)孔子说孔文子能谓之"文",是因为他敏而好学,(　　　　　　)。

2.《论语》中有许多名句发人深思,给人以启示。根据提示,补出空缺的字。

(1)三人行,必有我(　　　)焉。

(2)温(　　　)而知(　　　),可以为师矣。

怀素①写字

《书林纪事》

怀素居零陵时，贫无纸可书，乃种芭蕉万余株，以蕉叶供挥洒，名②其庵③（ān）曰"绿天"。书不足，乃漆④一盘书之，又漆一方板，书之再三，盘板皆穿。

字词小贴士

① 怀素：唐代书法家，他的草书被称为"狂草"。传世作品有《自叙帖》《苦笋帖》《圣母帖》等。
② 名：命名，取名。
③ 庵：住所。
④ 漆：把涂料涂在器物上。

古文转换站

怀素居住在零陵的时候，贫穷得没有纸来写字，于是种了一万多株芭蕉，用芭蕉叶来供自己挥文洒墨，把他的住处命名为"绿天"。这样还是不够书写，于是用漆涂了一个木盘来书写，又涂了一块方板，反复地在上面书写，木盘和方板都被磨穿了。

古文趣味多

张颠素狂

怀素的草书被称为"狂草"，运笔遒劲有力、奔放流畅、一气呵成。他与唐代另一草书书法家张旭齐名，有"张颠素狂""颠张醉素"之说。

张旭的书法始化于张芝、"二王"一路，以草书成就为最高，世称"草圣"。他自己为继承"二王"传统而自豪，字字有法；另一方面，他又效法张芝草书技艺，创造出潇洒磊落、变幻莫测的狂草来。颜真卿曾两度辞官向他请教笔法。

智慧修炼场

1.练习书法离不开笔墨纸砚，一贫如洗的怀素是怎么坚持练习书法的？

_____

_____

2.文中"书之再三，盘板皆穿"让你想起了什么意思相近的成语？（至少写出两个）

_____

_____

答案：1.用芭蕉叶和涂了漆的木盘，木板代替纸张进行书写。 2.例：铁杵磨针、滴水穿石

勤　训

《恒斋文集》

治生之道①，莫尚乎勤。故邵（shào）子②云："一日之计③在于晨，一岁之计在于春，一生之计在于勤。"言虽近④，而旨⑤则远矣！大禹之圣，且惜寸阴；陶侃之贤，且惜分阴；又况贤圣不若彼者乎？

字词小贴士

① 治生之道：谋生的道理。
② 邵子：邵雍，宋代史学家。
③ 计：谋划，打算。
④ 近：浅近。
⑤ 旨：意义，用意。

古文转换站

谋生的道理，没有什么比勤劳更重要的了。因此邵雍说："一天的计划，关键在于早晨，一年的计划，关键在于春天，一生的计划，关键在于勤劳。"这些话虽然说得浅近易懂，但意义却很深远啊！像大禹那样的圣人，尚且爱惜每一寸的光阴；像陶侃那样贤明的人，尚且爱惜每一分的光阴；又何况才能智慧都比不上他们的人呢？

古文趣味多

儒家五圣

"儒家五圣"是儒家学派五位贤人的合称，他们在儒家学派中占有很高的地位，受历代儒客尊崇，对后世儒学思想的发展起到了深远的影响。

至圣——孔子（孔丘）
亚圣——孟子（孟轲）
复圣——颜渊（颜回）
宗圣——曾子（曾参）
述圣——子思（孔伋）

智慧修炼场

1. 你能说出下面句中加点字的意义吗?

（1）莫尚乎勤　　　　（　　　　）

（2）而旨则远矣　　　（　　　　）

（3）且惜寸阴　　　　（　　　　）

2. "一日之计在于晨,一岁之计在于春,一生之计在于勤。"你对自己每天的学习生活是如何规划的?请列出自己的一日计划表,与同学分享。

答案: 1.(1) 没有 (2) 意义,旨趣 (3) 光阴　2.略

响遏（è）行云

《列子·汤问》

薛谭学讴（ōu）于秦青，未穷青之技，自谓尽之，遂辞归。秦青弗止，饯行于郊衢（qú），抚节悲歌，声振林木，响遏行云。薛谭乃谢求反，终身不敢言归。

字词小贴士

① 遏：阻止。

② 讴：唱歌。

③ 穷：尽。

④ 郊衢：郊外大路旁。

⑤ 抚节：击节，打着节拍。

⑥ 谢：道歉。

⑦ 反：同"返"，返回。

古文转换站

薛谭向秦青学习唱歌，还没有学完秦青的技艺，自己就以为学尽了，于是就告辞回家。秦青没有劝阻他，在城外大道旁给他送行，打着节拍高唱悲歌，歌唱的声音震动了林间的树木，止住了流动的浮云。于是薛谭向秦青道歉，请求回来继续学习，一生都不敢再说要回家。

古文趣味多

绕梁三日

传说春秋时期，韩国一位善歌唱的女子来到齐国。因为缺少粮食好几天了，她饥肠辘辘，于是在齐国临淄城西南门卖唱求食。她美妙而婉转的歌声深深地打动了听众的心，给人们留下了深刻的印象。三天以后，人们仿佛还能听到她歌声的余音在房梁间缭绕，因此人们都说韩娥（意为韩国的美丽女子）之歌"余音绕梁，三日不绝"。后来人们就用"余音绕梁""绕梁三日"来形容歌声优美悦耳，韵味深长。

智慧修炼场

1. 判断下列对加点词语解释的正误，正确的打"√"，错误的打"×"。

（1）秦青弗止　　　　没有　　　　　　　（　）

（2）响遏行云　　　　阻止　　　　　　　（　）

（3）乃谢求反　　　　感谢　　　　　　　（　）

（4）未穷青之技　　　到达极点　　　　　（　）

2.根据短文内容，补出下联中空缺的部分。

上联：薛谭学讴未穷辞归

下联：_____成功劝返

答案：1.（1）√（2）√（3）×（4）×　2.例：秦青挽升

欧阳修苦读

《欧阳公事迹》

欧阳公四岁而孤①,家贫无资。太夫人②以荻(dí)③画地,教以书字。多诵古人篇章。及其稍长,而家无书读,就闾(lǘ)里④士人家借而读之,或因而抄录。以至昼夜忘寝食,唯⑤读书是务。自幼所作诗赋文字,下笔已如成人。

字词小贴士

① 孤：小时候失去父亲。
② 太夫人：指欧阳修的母亲。
③ 荻：多年生草本植物，与芦苇相似。
④ 闾里：乡里，邻里。
⑤ 唯读书是务：相当于"唯务读书"，只致力于读书。

古文转换站

欧阳修在四岁的时候失去了父亲，家境贫寒，没有钱供他上学。欧阳修的母亲用草秆在地上书写，教他写字。他的母亲还教他诵读许多古人的文章。等到他稍微长大一些，但家里没有书可读，他就到乡里读书的人家去借书来读，有时借此机会抄录下来。他白天忘记吃饭，晚上忘记睡觉，一心致力于读书。欧阳修小时候所作的诗赋文章，其文笔已经如同成年人一般了。

古文趣味多

唐宋八大家

欧阳修是北宋文坛领袖，也是"唐宋八大家"之一。"唐宋八大家"又称"唐宋散文八大家"，是唐代和宋代八位散文家的合称，这八人是唐代的韩愈、柳宗元，宋代的欧阳修、苏洵、苏轼、苏辙、王安石、曾巩。其中韩愈、柳宗元是唐代古文运动的倡导者，他们先后掀起的古文革新浪潮，使诗文发展的陈旧面貌焕然一新。欧阳修、苏洵、苏轼、苏辙四人是宋代古文运动的核心人物，王安石、曾巩是临川文学的代表人物。

智慧修炼场

1. 你能从"以至昼夜忘寝食，唯读书是务"这句话中提炼出一个成语吗？

_____

2. 读完本文，你认为欧阳修值得我们学习的精神是什么？

_____

答案：1.废寝忘食。 2.例：勤奋苦读、专心致志等。

桓（huán）荣①勤学

《后汉书》

荣初遭仓卒②，与族人桓元卿同饥厄③，而荣讲诵不息④。元卿嗤（chī）⑤荣曰："但自苦气力，何时复施⑥用乎？"荣笑而不应。及为太常⑦，元卿叹曰："我农家子，岂意学之为利⑧，乃至是哉？"

字词小贴士

① 桓荣：字春卿，东汉初年名儒、大臣。
② 仓卒：匆忙，此指社会动乱。
③ 厄：困境。
④ 息：停止。
⑤ 嗤：嘲笑。
⑥ 施：用上。
⑦ 太常：职官名称，负责祭祀礼乐及选拔人才。
⑧ 利：好处。

古文转换站

桓荣早年遭遇社会动乱，与同族人桓元卿同处饥饿的困境之中，但桓荣却没有停止读书。元卿嘲笑桓荣说："你只是自讨苦吃、白费力气，什么时候能再用得上它呢？"桓荣笑着不回应。等到桓荣做了太常，元卿遗憾地说道："我像一个农民一样目光短浅，哪里会料到学习的好处竟能到这样啊！"

古文趣味多

"岂"字在古文中的意义

"岂"在古文件中主要有两个常用义项：一是表疑问，意为"哪里"。如文中"岂意学之为利，乃至是哉"，意为"哪里知道学习的好处能像这样啊"，"岂敢"即"哪里敢"。二是表反问，意为"难道"，如"岂有此理"。

智慧修炼场

1.请发挥想象，补充细节，把这个小故事改编成课本剧吧。

人物：_____

道具：_____

场景：_____

_____

_____

_____

_____

2.你还知道哪些古人勤学的小故事？

_____

_____

答案：1.略。2.例：王羲之苦学　苏秦锥刺股

铁杵磨成针

《方舆胜览》

磨针溪,在眉州象耳山下。世传李太白读书山中,未成,弃去。过小溪,逢老媪(ǎo)①方磨铁杵(chǔ)②,问之,曰:"欲作针。"太白感③其意,还卒业④。媪自言姓武。今溪旁有武氏岩。

字词小贴士

① 媪：妇女的统称。
② 铁杵：铁棍，铁棒。杵，压米或捶衣用的棒，一头粗一头细。
③ 感：被……感动。
④ 卒业：完成学业。

古文转换站

磨针溪坐落在眉州的象耳山下。传说李白在山中读书的时候，没有完成自己的学业，就放弃学习离开了。他路过一条小溪，遇见一位老妇人正在磨铁棒，问她在干什么，老妇人说："我想把它磨成针。"李白被她的精神感动，就回去完成学业。那老妇人自称姓武。现在那溪边还有一块武氏岩。

古文趣味多

只要功夫深，铁杵磨成针

"只要功夫深，铁杵磨成针"的谚语就出自这个故事，比喻只要有决心，肯下功夫，多么难的事情也能做成功。这句话后来也成了激励后人持之以恒求学的名言警句。

"诗仙"李白

古往今来，文采出众的大诗人不在少数，为什么只有李白被称为"诗仙"呢？除了其诗风格豪迈奔放、飘逸若仙之外，还和唐朝的另一著名诗人贺知章有关。贺知章赞赏李白的《蜀道难》一诗，称李白为"天上谪仙人"，意为天上下凡来的神仙。从此，"谪仙"之名誉满长安城。唐代大诗人杜甫有诗赞云："昔年有狂客，号尔谪仙人。笔落惊风雨，诗成泣鬼神。"因此，后人便把李白尊为"诗仙"。

智慧修炼场

1.读古文,要注意停顿。请你用"/"把下面的句子划分出节奏。

逢老媪方磨铁杵。

2.你知道李白哪些诗歌名句?选择喜欢的一两句写下来吧。

_____

_____

答案:1.逢/老媪/方/磨铁杵。 2.例:天生我材必有用,千金散尽还复来。(《将进酒》) 举头望明月,低头思故乡。(《静夜思》) 孤帆远影碧空尽,唯见长江天际流。(《黄鹤楼送孟浩然之广陵》) 飞流直下三千尺,疑是银河落九天。(《望庐山瀑布》) 长风破浪会有时,直挂云帆济沧海。(《行路难》)

第十辑 鸿鹄之志

祖逖闻鸡起舞

《资治通鉴》

初,范阳祖逖(tì)①,少有大志,与刘琨俱为司州主簿(bù)②,同寝,中夜闻鸡鸣,蹴(cù)③琨觉(jiào)④,曰:"此非恶声也!"因起舞。

字词小贴士

① 祖逖：东晋军事家。
② 主簿：州、府长官的佐僚，主管文书簿籍。
③ 蹴：踢。
④ 觉：醒。

古文转换站

　　当初，范阳人祖逖，年轻时就有远大的志向，和刘琨一起担任司州的主簿，晚上睡在一起，半夜时听到鸡鸣，就踢醒刘琨，说："这不是不吉祥的叫声！"于是起床舞剑。

古文趣味多

"中流击楫（jí）"的由来

　　祖逖带领部下千余人渡江北上。他们的战船驶离南岸，来到波涛滚滚的大江中流，将士们回望南土，心中像浪花一般翻腾。祖逖神情庄重地站立船头，手敲船桨，向众人发誓说："祖逖此去，若不能平定中原，驱逐敌寇，则如这滔滔江水，一去不返！"祖逖的铮铮誓言极大地鼓舞了船上的勇士，他们紧握刀枪，纷纷表示要同仇敌忾，杀敌报国。后来人们用"中流击楫"比喻立志奋发图强。

智慧修炼场

1.写出下列句中加点词语的意思。
（1）与刘琨俱为司州主簿　　（　　　　　）
（2）中夜闻鸡鸣　　　　　　（　　　　　）

第十辑　鸿鹄之志

2.填一填。

祖逖立志为国效力,与刘琨互相勉励,所以半夜听到鸡啼就起床舞剑。后以"闻鸡起舞"比喻_____。

3.你有什么远大志向呢?为了这个志向你打算付出什么努力呢?

_____
_____
_____
_____
_____

答案:1.(1)一起,同(2)听到 2.有志报国的人及时奋起 3.略

鸿鹄（hú）①之志

《史记·陈涉世家》

陈胜者，阳城②人也，字涉。吴广者，阳夏（jiǎ）③人也，字叔。陈涉少时，尝与人佣耕，辍（chuò）④耕之⑤垄⑥上，怅（chàng）恨⑦久之，曰："苟⑧富贵，无相忘。"庸者⑨笑而应曰："若⑩为佣耕，何富贵也？"陈涉太息⑪曰："嗟（jiē）乎！燕雀⑫安知鸿鹄之志哉！"

字词小贴士

① 鸿鹄：天鹅，比喻志向远大的人。
② 阳城：在今河南省登封市东南。
③ 阳夏：今河南省太康县。
④ 辍：停止。
⑤ 之：去、往。
⑥ 垄：田埂。
⑦ 怅恨：惆怅，极端不满。
⑧ 苟：如果。
⑨ 庸者：与陈胜一起受雇佣的人。庸，同"佣"。
⑨ 若：你。
⑩ 太息：长叹。
⑪ 燕雀：泛指小鸟，比喻庸人。

古文转换站

陈胜，是阳城人，字涉。吴广，是阳夏人，字叔。陈涉年少时，曾经跟别人一起受雇佣耕作，有一次他停下耕作到田埂上休息，惆怅恼恨了好久，说："如果谁将来富贵了，不要忘记了现在的同伴。"和他被雇佣的同伴笑着回答："你是被雇佣耕地的人，哪儿来的富贵呢？"陈涉长叹一声说："唉，小鸟怎么知道天鹅的志向呢！"

古文趣味多

鸿鹄的寓意

天鹅是一种候鸟，每年的春天，它们从南方飞向北方；秋天，它们又会结队南迁。天鹅善飞，是飞得最高的鸟类之一，它的洁白和高飞成了人们心目中纯洁、勇敢的象征。古今中外，人们都爱天鹅，天鹅还被人们称为"美善天使"。我国古代称天鹅为"鹄"或"鸿鹄"，经常以其比喻胸怀远志的人。国外的民间传说中，也常有天鹅的形象出现。芭蕾舞剧《天鹅湖》讲述的就是一个美丽而又坚贞的公主，被恶魔掳去变为天鹅，后在爱情力量的感召下战胜恶魔的故事。

智慧修炼场

1. 给下面的字换一下偏旁，再写出几个字。（至少写3个）

（1）辍　（　　）（　　）（　　）

（2）怅　（　　）（　　）（　　）

2.《吕氏春秋·士容》中说："夫骥骜[①]之气，鸿鹄之志，有谕[②]乎人心者，诚也。"你能说说这句话的意思吗？

注：①骥骜（jì ào）：指好马。②谕（yù）：使人知晓。

_____

_____

乘长风①破万里浪

《宋书·宗悫传》

宗悫（què）字元干，南阳人也。叔父炳，高尚②不仕③。悫年少时，炳问其志，悫曰："愿乘长风破万里浪。"炳曰："汝不富贵，即破④我家矣。"兄泌娶妻，始入门，夜被劫。悫年十四，挺身拒⑤贼，贼十余人皆披散，不得入室。

字词小贴士

① 长风：大风。
② 高尚：道德品质高雅。
③ 仕：做官。
④ 破：破败。
⑤ 拒：抵挡，抵抗。

古文转换站

宗悫字元干，是南阳人。他的叔父宗炳，性格高洁超逸，不愿做官。宗悫年少的时候，宗炳问他的志向是什么，宗悫说："希望乘着大风冲破绵延万里的巨浪。"宗炳说："你如果不能获得荣华富贵，就败坏我们家族了。"宗悫的哥哥宗泌娶妻，新妇才刚过门，当晚就有强盗来打劫。宗悫当时十四岁，挺身而出抵抗强盗，十几个强盗都被他打得四下溃散，没能进屋。

古文趣味多

古文中表示"你"的称呼有哪些？

在古文中代表你的称呼主要有：尔、君、卿、汝、若、乃。

（1）尔：如"尔曹身与名俱灭"（杜甫《戏为六绝句·其二》），"尔曹"指"你们这类的人"。

（2）君：如"君不见黄河之水天上来"（李白《将进酒》），意思是"你没看见黄河的水是从天上来的"。

（3）卿：如"卿言多务"（《孙权劝学》），意思是"你说军务繁多"。

（4）汝：如本文中"汝不富贵"。

（5）若：如"若为佣耕"（《鸿鹄之志》）。

（6）乃：如"家祭无忘告乃翁"（陆游《示儿》），意思是"在家祭时千万别忘记把喜讯告诉你的父亲"。

智慧修炼场

1.辨析下列说法的正误，正确的打"√"，错误的打"×"。

（1）"高尚不仕"中的"仕"指做官。（　　）

（2）"恁年少时"指宗恁年龄小的时候。（　　）

（3）"愿乘长风破万里浪"与"即破我家矣"中的两个"破"意思相同。（　　）

2.唐代大诗人李白《行路难（其一）》中化用"愿乘长风破万里浪"这句话，锤炼出千古名句，请把这一名句补充完整。

长风破浪会有时，_____。

范仲淹有志于天下

《宋名臣言行录》

范仲淹二岁而孤,母贫无依,再适①长山朱氏。既长②,知其世家,感泣辞母,去之南都,入学舍。昼夜苦学,五年未尝解衣就寝。或夜昏怠③,辄④以水沃⑤面。往往饘(zhān)粥⑥不充,日昃(zè)⑦始食,遂大通六经之旨,慨然有志于天下,常自诵曰:"当先天下之忧而忧,后天下之乐而乐。"

字词小贴士

① 适：旧指女子出嫁。
② 既长：长大后。
③ 昏怠：昏沉困倦。
④ 辄：就。
⑤ 沃：冲洗。
⑥ 饘粥：稠粥。
⑦ 昃：太阳偏西。

古文转换站

范仲淹两岁的时候就失去了父亲，他的母亲很穷，没有依靠，就改嫁到了长山的朱家。范仲淹长大以后，知道了自己的身世，感激地哭着辞别母亲，离开家去了南都，进入学舍读书。他不论白天黑夜都刻苦学习，五年不曾解开衣服好好睡觉。有时夜里感到昏昏欲睡，就用冷水洗脸。范仲淹常常连顿稠粥都吃不饱，太阳偏西才开始吃饭，就这样领悟了"六经"的要旨，又慷慨地立下了造福天下的志向，他常常对自己说："应当在天下人担忧之前担忧，在天下人快乐之后快乐。"

古文趣味多

"先天下之忧而忧，后天下之乐而乐"的由来

齐宣公曾问孟子：从前的贤人也有在行宫游玩的快乐吗？孟子回答："乐民之乐者，民亦乐其乐；忧民之忧者，民亦忧其忧。乐以天下，忧以天下，然而不王者，未之有也。"孟子这段话的意思是：把百姓的快乐当成快乐的人，百姓也会把他的快乐当作快乐；把百姓的忧愁当成忧愁的人，百姓也会把他的忧愁当

作忧愁。与天下人同乐，与天下人同忧，这样还不能称王，是不曾有过的事。后来范仲淹在《岳阳楼记》中将这段话提炼成"先天下之忧而忧，后天下之乐而乐"，表现出他远大的政治抱负。

智慧修炼场

1. 你能说说下面加点词语的意思吗？
   （1）既长　　　　　　　（　　　　）
   （2）再适长山朱氏　　　（　　　　）
   （3）五年未尝解衣就寝　（　　　　）

2. 根据短文填一填。
   （1）描写范仲淹发愤苦读的句子是："_____"
   （2）表明范仲淹志向的句子是："_____"

答案：1.（1）已经（2）嫁（3）睡觉　2.（1）昼夜苦学，五年未尝解衣就寝。或：或夜昏怠，辄以水沃面。往往饘粥不充，日昃始食。（2）当先天下之忧而忧，后天下之乐而乐。

班超①素有大志

《后汉书·班超传》

班超字仲升,扶风②平陵③人,徐令彪④之少子也。为人有大志,不修⑤细节。家贫,常为⑥官佣书以供养⑦,久劳苦。尝辍业投笔叹曰:"大丈夫无他志略,犹当效傅介子、张骞(qiān)⑧立功异域,以取封侯,安能久事笔研⑨间乎?"左右皆笑之。超曰:"小子⑩安知壮士志哉?"

字词小贴士

① 班超：汉朝杰出将领。
② 扶风：汉朝郡名。
③ 平陵：汉朝县名，在今陕西省咸阳市。
④ 徐令彪：徐县县令班彪。徐，徐县(在今江苏省泗洪县南)。令，县令。彪，班彪，班超的父亲，东汉史学家。
⑤ 修：修饰，计较。
⑥ 为：被。
⑦ 供养：谋生糊口。
⑧ 傅介子、张骞：傅介子，西汉人，以计斩楼兰王而著名。张骞，西汉人，开拓了汉朝与西域交往的丝绸之路。
⑨ 研：同"砚"，砚台。
⑩ 小子：目光短浅的人。对男性表示轻蔑的称呼。

古文转换站

班超字仲升，扶风平陵人，是徐县县令班彪的小儿子。他为人有远大的志向，不计较一些小事情。他家庭贫穷，常被官府雇佣抄书来挣钱养家，长期劳苦不堪。有一次，他停下工作扔了笔感叹道："大丈夫没有其他的志向谋略，还是应当效仿傅介子、张骞，在异地他乡立下大功，来取得封侯的成就，怎么能长期在笔、砚之间忙忙碌碌呢？"旁边的人都嘲笑他。班超说："目光短浅的人怎么能了解壮士的志向呢！"

古文趣味多

"素"在古文中常见的意义

（1）白色的丝绢。如"十三能织素"（《古诗为焦仲卿妻作》），意思是"十三岁就能织白色的丝绢"。

（2）白色的。如"素服哭于库门之外"（《礼记·檀弓》），意思是"穿着白色的衣服在库门之外大哭"。

（3）朴素的，不加装饰的。如"可以调素琴"（《陋室铭》），意思是"可以弹奏不加装饰的琴"。

（4）一向，向来。如"吴广素爱人"（《史记·陈涉世家》），意思是"吴广一向关爱他人"。

"大丈夫"的由来

"大丈夫"指有大志、有作为、有气节的男子，语出《孟子·滕文公下》："富贵不能淫，贫贱不能移，威武不能屈，此之谓大丈夫。"意思是："富贵不能使他放纵，贫贱不能使他动摇，威武不能使他屈服，这样的人才能称得上是大丈夫。"

智慧修炼场

1. 文中说班超"不修细节"，这令我们想起了另一个与它意思相近又含"修"的成语——＿＿＿＿＿＿。

2. 本文中表达了与陈涉的"燕雀安知鸿鹄之志哉"相似意思的句子是"＿＿＿＿＿＿＿＿＿＿＿＿＿＿＿"。

答案：1. 不修边幅　2. 小子安知壮士志哉

陈蕃欲扫天下

《后汉书》

陈蕃字仲举，汝南平舆（yú）人也。祖河东太守。蕃年十五，尝闲处一室，而庭宇芜（wú）秽（huì）①。父友同郡薛勤来候之，谓蕃曰："孺子②何不洒扫以待宾客？"蕃曰："大丈夫处世，当扫除天下，安事一室乎？"勤知其有清世③志，甚奇之。

字词小贴士

① 芜秽：脏乱。
② 孺子：小孩子。
③ 清世：使世道清明。

古文转换站

陈蕃字仲举，是汝南平舆人。祖父曾任河东太守。陈蕃十五岁的时候，曾经独自一人住在一处，庭院和屋舍十分脏乱。他父亲同城的朋友薛勤来拜访他，对他说："孩子你为什么不打扫房间来迎接客人？"陈蕃说："大丈夫身处世上，应当以扫除天下的祸患为己任，为什么要打扫一间房子呢？"薛勤知道他有让世道清明的志向，认为他很特别。

古文趣味多

"孺子"与"孺子牛"

"孺子"在古代指小孩子，尤其幼儿，不论男孩女孩都称"孺子"。"孺子牛"一词最早出自《左传·哀公六年》中记载的一个典故，原指对子女过分疼爱的父母。现代伟大的文学家、思想家、革命家鲁迅在《自嘲》中写下这样的名句："横眉冷对千夫指，俯首甘为孺子牛。"这一名句使"孺子牛"的精神得到升华，后来人们逐渐用"孺子牛"来比喻心甘情愿为人民大众服务、无私奉献的人。

智慧修炼场

1. 结合古文说说下面句中加点字的意思。
（1）安事一室乎　　　（　　　　）
（2）甚奇之　　　　　（　　　　）
2. 读了这个故事，你认为陈蕃的说法对吗？为什么？

第十一辑 自强不息

卧薪尝胆

《史记·越王勾践世家》

吴既赦（shè）①越，越王勾践反②国，乃苦身焦思，置胆于坐，坐卧即仰胆，饮食亦尝胆也。曰："女（rǔ）③忘会稽（kuài jī）④之耻邪？"身自耕作，夫人自织，食不加肉，衣不重（chóng）采⑤，折节⑥下贤人，厚遇宾客，振⑦贫吊死，与百姓同其劳。

字词小贴士

① 赦：赦免。
② 反：同"返"，返回。
③ 女：同"汝"，你。
④ 会稽：古越国山名。
⑤ 食不加肉，衣不重采：饭食没有第二盘肉菜，衣服上没有第二种颜色。采，同"彩"。
⑥ 折节：降低身份，屈己下人。
⑦ 振：救助。

古文转换站

吴王赦免了越王以后，越王勾践返回自己的国家，于是让自己的身体劳累，让自己的思绪焦虑，把苦胆放在座位上方，坐着、躺着时抬头就看到苦胆，吃饭喝水也尝苦胆。他常自语："你忘了在会稽遭受的耻辱了吗？"他亲自耕种，他夫人亲自织布，他吃饭没有第二盘肉菜，衣服上没有任何装饰，他降低身份礼待贤士，厚待宾客，救济贫穷的人家，慰问死者的家人，与百姓共同劳作。

古文趣味多

使动用法

使动用法，是指谓语动词具有"使……怎么样"的意思。使动用法中的谓语动词，有的是由名词、形容词活用来的，活用之后，它们所表示的语法意义也有所改变。如"乃苦身焦思"中，"苦"的意思是"使……受苦"，"焦"的意思是"使……焦虑"，这句话的意思是"（勾践）于是使自己的身体受苦，使自己的思想焦虑"。

蒲松龄落第自勉联

有志者，事竟成，破釜沉舟，百二秦关终属楚。

苦心人，天不负，卧薪尝胆，三千越甲可吞吴。

译文：有志向的人，做事都会成功，就像项羽破釜沉舟，最后百二秦关都归属于楚国。尽心竭力的人，上天不会辜负他，就像勾践卧薪尝胆，仅以三千越国兵士就吞并了吴国。

智慧修炼场

1.你能说出下列句子中加点字的意思吗？

（1）置胆于坐　　　（　　　　）

（2）身自耕作　　　（　　　　）

2.这篇古文中哪句话体现了勾践关心老百姓的疾苦？找出来写在下面。

_____

_____

苏秦刺股

《战国策·秦策一》

苏秦①乃洛阳人，学纵横之术②，游说（shuì）③秦王，书十上而不为用，资用匮（kuì）乏，潦倒而归。至家，妻不下纴（rèn）④，嫂不为炊，父母不以为子。苏秦乃叹曰："此皆秦之罪也！"乃发愤读书，曰："安有说人主而不得⑤者乎？"读书欲睡，引锥自刺其股⑥，血流至足。

字词小贴士

① 苏秦：战国时期著名的纵横家、外交家和谋略家。
② 纵横之术：战国时代外交所使用的谋略和辩术。
③ 说：劝说。
④ 下：往，到……去。
⑤ 得：得到，此处指成功。
⑥ 股：大腿。

古文转换站

　　苏秦是洛阳人，学习纵横术，劝说秦王（采纳他的意见），多次上书都未被采纳，因钱财缺乏，穷困潦倒返回家乡。回到家里，妻子不去织布，嫂子不去做饭，父母不把他当作自己的儿子。苏秦于是长叹道："这都是我苏秦的错啊！"于是苏秦发奋读书，说："哪有去游说国君而不能成功的呢？"他读书到昏昏欲睡时，就拿锥子刺自己的大腿，鲜血一直流到脚上。

古文趣味多

战国时代的纵横家

　　纵横家，是鬼谷子创立的学术流派，以从事政治外交活动为主，《汉书·艺文志》将其列为"九流十家"之一。在春秋战国时期，纵横家是指一个独特的谋士群体，可称为中国最早也最特殊的外交政治家群体。

　　鬼谷子有孙膑、庞涓、苏秦、张仪四大弟子，四人都是战国时代的风云人物。合纵派的主要代表是公孙衍和苏秦，连横派的主要代表是张仪。

智慧修炼场

1.辨析下列说法的正误，正确的打"√"，错误的打"×"。

（1）"书十上而不为用"与"嫂不为炊"中的"为"意思相同。（　　）

（2）"安有说人主而不得者乎"中的"安"是"怎么"的意思。（　　）

2.你能想象出苏秦潦倒而归时他家人的神态吗？请写一写。

_____

_____

_____

答案：1.（1）× （2）√　2.略

天将降大任于是①人也

《孟子·告子下》

故天将降大任于是人也，必先苦其心志，劳其筋骨，饿其体肤，空乏②其身，行拂③乱④其所为，所以⑤动⑥心忍⑦性，曾（zēng）益⑧其所不能。

字词小贴士

① 是:指示代词,此。
② 空乏:使……穷困。
③ 拂:违背。
④ 乱:扰乱。
⑤ 所以:用来,通过这样的途径来。
⑥ 动:使……惊动。
⑦ 忍:使……坚忍。
⑧ 曾益:增加。曾,同"增"。

古文转换站

所以上天将要把重任降临在这个人的身上,必定要先使他的内心痛苦,使他的筋骨劳累,使他经受饥饿之苦,使他遭受贫困之苦,使他做事不顺,错乱颠倒,以这种方式来使他的心灵受到震撼,使他的性情坚忍起来,增加他所不具备的能力。

古文趣味多

"亚圣"孟子

孟子是中国古代著名思想家、教育家、政治家。他是战国时期儒家学派的代表人物,孔子的第四代弟子,曾子的再传弟子。他继承并发扬了孔子的思想。孔子是大成至圣,孟子则被尊称为"亚圣"。孟子曾仿效孔子,带领门徒周游各国,但不被当时各国所接受,随后退隐,与弟子一起著书。孟子与其弟子的言论汇编于《孟子》一书,是儒家学说的经典著作之一。

孟子名言

孔子登东山而小鲁，登泰山而小天下。

穷则独善其身，达则兼善天下。

老吾老，以及人之老；幼吾幼，以及人之幼。

不以规矩，不能成方圆。

智慧修炼场

1.文中加点词语都是动词的使动用法，你能写出它们的意思吗？

（1）劳其筋骨　　　　（　　　　）

（2）饿其体肤　　　　（　　　　）

2.你知道有关孟子的小故事吗？选一个写下来。

_____

_____

_____

答案：1.（1）使……劳累。（2）使……饥饿。 2.例：孟母三迁。孟子小时候与母亲住在老墓地旁，常常学着哭丧家的样子。孟母怕孩子学了不好，就把家搬到了市集边。于是孟子又天天学现人叫卖。孟母就带孩子搬到了书塾旁，于是孟子开始学习礼仪和文化知识。

蜀鄙二僧

《白鹤堂文集》

蜀①之鄙②有二僧，其一贫，其一富。贫者语于富者曰："吾欲之南海，何如？"富者曰："子何恃③而往？"曰："吾一瓶一钵④足矣。"富者曰："吾数年来欲买舟而下，犹未能也。子何恃而往？"越⑤明年⑥，贫者自南海还，以告富者。富者有惭色。

字词小贴士

① 蜀：今四川。
② 鄙：偏远的地方。
③ 恃：凭借。
④ 钵：指僧人所用的食器。
⑤ 越：到。
⑥ 明年：第二年。

古文转换站

蜀地的边远地区有两个僧人，其中一个贫穷，一个富有。穷僧人对富僧人说："我想去南海，怎么样？"富僧人说："您凭着什么去？"穷僧人说："我只要一个水瓶和一个饭钵就够了。"富僧人说："我多年来一直想买船顺江而下，到现在还没能去南海。您凭着什么去呢？"到了第二年，穷僧人从南海回来了，他把这件事讲给富僧人听。富僧人听后露出惭愧的神色。

古文趣味多

对比写法

对比，是文学创作中常用的一种表现手法，是把对立的意思或事物，或事物的两个方面放在一起进行比较。作者举"贫者""富者"之例，采用的就是一种对比。蜀鄙的穷僧能只身到南海，凭的就是"志"；富僧有充裕的物质条件却始终没到南海。故事正是采用了对比的写法，借助一个小故事告诉我们深刻的道理：现实生活中，我们一定不要做那空有财富、没有志向的富僧，而要学习穷僧矢志不移、实干笃行的精神。

智慧修炼场

1.故事举了"贫者""富者"的例子，采用的是＿＿＿＿的写法。这样写，是为了突出强调一个道理——一个人能否成功，关键在于他＿＿＿＿＿＿＿＿。

2."子何恃而往"中的"子"是对别人的尊称，你还知道哪些对人的尊称？

答案：1.对比 是否有志向和行动力 2.阁下、公、君、足下、先生、夫子等。

邴(bǐng)原泣学

《初潭集》

邴原少孤,数岁时,过书舍①而泣。师曰:"童子何泣?"原曰:"孤者易伤,贫者易感。夫书者,凡得学者,有亲②也。一则愿③其不孤,二则羡其得学,中心④感伤,故泣耳。"师恻(cè)然⑤曰:"欲书可耳!"原曰:"无钱资⑥。"师曰:"童子苟有志,吾徒⑦相教,不求⑧资也。"于是遂就书⑨。一冬之间,诵《孝经》《论语》。

字词小贴士

① 书舍：私塾。
② 亲：指父母。
③ 愿：羡慕。
④ 中心：内心。
⑤ 恻然：怜悯、悲伤的样子。
⑥ 资：钱财。此指学费。
⑦ 徒：白白地，此处指不收费。
⑧ 求：索取。
⑨ 就书：上书塾（读书）。

古文转换站

邴原幼时丧父，几岁时，从书塾经过，忍不住哭了。书塾的老师说："小孩子你为什么哭泣？"邴原说："孤儿容易悲哀，穷人容易感伤。那些读书的人，凡是能够学习的人，都是有父母的孩子。我一来羡慕他们不是孤儿，二来羡慕他们能够上学。内心感伤，因此哭泣。"老师怜悯地说："你想读书就来吧！"邴原说："我没有钱交学费。"老师说："如果你有志向，我白白地传授你知识，不收学费。"于是邴原进了学堂。一个冬天，他就读熟了《孝经》和《论语》。

古文趣味多

古代书屋雅称

书屋有斋、屋、居、室、堂、馆、轩、园、亭、庐等雅号。这些称呼中，斋是最常见的一种。斋的本义是"斋戒"，而从事文化活动的本质与"斋"所蕴含的宁心静神、修身养性有异曲同工之处。因此，将书房冠名为"斋"，寄托的正是一种超凡脱世、物我两忘的理想。

过去著名的书房有刘禹锡的"陋室"、蒲松龄的"聊斋"、黄宗羲的"惜字庵"、闻一多的"二月庐"、丰子恺的"缘缘堂"等。

智慧修炼场

1.本文中书塾老师有什么值得我们敬佩的地方？

2.读完这篇古文，你觉得我们应该向邴原学习什么？

答案：1.例：为下一代无私奉献的精神、关爱学生的精神。 2.例：我们应该学习他在学习上刻苦勤奋的精神。

戴渊①投剑

《世说新语·自新》

戴渊少时游侠②,不治行检,尝在江淮③间攻掠商旅。陆机④赴假还洛,辎(zī)重⑤甚盛。渊使少年掠劫。渊在岸上,据胡床⑥指麾(huī)左右,皆得其宜。渊既神姿峰颖⑦,虽处鄙事,神气犹异。机于船屋上遥谓之曰:"卿才如此,亦复作劫邪?"渊便泣涕,投剑归机。辞厉非常。机弥重⑧之,定交⑨,作笔荐焉。过江,仕至征西将军。

字词小贴士

① 戴渊：字若思，晋代人，官至征西将军。
② 游侠：古代称好交游、轻生死、重信义的特殊群体。
③ 江淮：长江、淮河。
④ 陆机：字士衡，晋代人，著名文学家、思想家。
⑤ 辎重：行李。
⑥ 胡床：东汉后期传入我国的一种坐具，即现在的折叠椅，可收拢，可打开，可躺可坐。
⑦ 峰颖：俊美出众。
⑧ 弥重：更加重视。
⑨ 定交：确定交谊。

古文转换站

戴渊年少时做游侠，不注意品行，曾在长江、淮河间袭击并抢劫商人的旅队。陆机度假后回洛阳，携带的行李很多。戴渊便指使一班年轻人去抢劫。他在岸上，坐在胡床上指挥手下的人，都安排得很合适。戴渊原本就俊美出众，即使是干卑劣的事，神采仍旧不同一般。陆机在船舱远远地对他说："你有这样的才能，还要做强盗吗？"戴渊便感悟流泪，扔掉剑投靠了陆机。他的谈吐非同寻常。陆机更加看重他，决定和他交往，并帮他写推荐信。戴渊（拿着信）过江（投军），一直做到征西将军。

古文趣味多

中国古代的"床"是坐具还是卧具？

床在中国使用的历史很早，传说上古时代的神农氏发明了床。三国时期是中国低矮家具的形成期，人们以席地坐卧为主。战国到东汉之前没有椅凳，这时的"床"既是坐具，又是卧具。中国古代家具中卧具形式有四种，即榻、罗汉床、架子床、拔步床。后两种只作为卧具，供睡眠使用；而前两种除供睡眠外，还兼有坐的功能。

西汉后期出现了"榻"这个品类，榻大多无围，所以又有"四面床"的称呼。它在当时专指坐具，但在后来的生活中常被古人用作一种方便搬运、可提供临时休息的家具。

罗汉床是指左右和后面装有围栏但不带床架的一种床。罗汉床有大小之分，大的罗汉床可供坐卧，就像现在的沙发。

架子床是古人使用最多的床，这是明清两代很流行的一种床。

除此之外，我国还有一种造型奇特的床，它像一间独立的小屋子，我们称它为拔步床。顾名思义，"拔步"就是要迈上一步才能到达的床。

智慧修炼场

1. 结合本文，选出下列说法不符合文意的一项（　　）

A. 戴渊年少时曾做抢劫的事情。

B. 戴渊外貌出众，并且很有才华。

C. 陆机用自己的耐心化解困境。

D. 陆机慧眼识才，不计人过。

2. 请选择文中的一个人物进行简要评价。

第十二辑 精忠报国

岳飞治军

《宋史·岳飞传》

帝初①为飞营②第③,飞辞曰:"敌未灭,何以家为?"或问:"天下何时太平?"飞曰:"文臣不爱钱,武臣不惜死,天下太平矣!"

师每休舍④,课⑤将士注坡跳壕⑥,皆重铠以习之。卒有取民麻一缕以束刍(chú)⑦者,立斩以徇(xùn)⑧。卒夜宿,民开门愿纳,无敢入者。军号"冻死不拆屋,饿死不卤掠⑨"。

字词小贴士

① 初：从前，当初。

② 营：营造。

③ 第：宅第。

④ 休舍：休整。舍，休息。

⑤ 课：督促。

⑥ 注坡跳壕：此处指练兵。注坡，从山坡上疾驰而下。跳壕，从壕沟低处向上跳。

⑦ 刍：喂牲口的草料。

⑧ 徇：对众宣示，指示众。

⑨ 卤掠：掳掠。

古文转换站

　　皇帝当初要为岳飞营造宅第，岳飞推辞说："敌人还没有消灭，哪里有家呢？"有人问："天下什么时候才能太平？"岳飞说："当文官不爱钱财了，武官不惧牺牲了，天下就太平了！"

　　军队每次休整的时候，岳飞都会督促将士爬斜坡，跳战壕，都是穿着沉重的铠甲练习。一名士兵拿了百姓的一缕麻来捆扎喂牲口的草料，立刻被处斩示众。士卒夜间住宿，百姓开门愿意接纳士卒入内，士卒也没有一个人敢进屋。军队有口号"冻死不拆百姓的木屋，饿死不抢百姓的财物"。

古文趣味多

直捣黄龙

　　公元1139年，郾城大捷后，岳飞乘胜向朱仙镇进军，金兀术率领十万大军抵挡，被岳飞打得落花流水。

岳飞这次北伐中原，一口气收复了诸多失地，消灭了金军的有生力量，金军军心动摇，金兀术连夜准备撤逃。

南宋抗金斗争有了根本的转机，再向前跨出一步，沦陷的中原就可望收复了。岳飞兴奋地对大将们说："直抵黄龙府，与诸君痛饮尔！"而金军则发出了"撼山易，撼岳家军难"的哀叹。

智慧修炼场

1.写出下列句中加点词的意思。

（1）或问　　　　　（　　　　）

（2）飞辞曰　　　　（　　　　）

2.用自己的话说说下面句子的意思。

文臣不爱钱，武臣不惜死，天下太平矣。

答案：1.（1）有的人（2）推辞　2.例：文臣不贪钱财，武臣不怕为国效力而牺牲，天下就太平了。

取义成仁

《宋史·文天祥传》

天祥临刑殊①从容，谓吏卒曰："吾事毕矣。"南乡拜而死。数日，其妻欧阳氏收其尸，面如生，年四十七。其衣带中有赞②曰："孔③曰成仁，孟④曰取义。惟其义尽，所以仁至。读圣贤书，所学何事？而今而后，庶几⑤无愧。"

字词小贴士

① 殊：很，非常。
② 赞：赞语。
③ 孔：孔子。
④ 孟：孟子。
⑤ 庶几：也许，大概。

古文转换站

文天祥临刑的时候很从容，对看守他的士兵说："我的事情完结了！"朝南方跪拜后被处死。几天之后，他的妻子欧阳氏来收敛他的尸体，他的面容还和活着一样，享年四十七岁。他的衣带里有一句赞语道："孔子说成仁，孟子说取义。只因将道义发挥到极致，所以仁德也到了极致。读圣贤的书籍，学习的是什么呢？从今往后，几乎没有什么可惭愧的了。"

古文趣味多

"取义成仁"的典故

"取义成仁"是"舍生取义""杀身成仁"的缩语。"舍生取义"见《孟子·告子上》："生，我所欲也；义，亦我所欲也。二者不可得兼，舍生而取义者也。""杀身成仁"见《论语·卫灵公》："志士仁人，无求生以害仁，有杀身以成仁。"

智慧修炼场

1. 把下面的成语补充完整。
（1）视（　　）如归
（2）（　　）至（　　）尽
（3）国家（　　　　），匹夫（　　　　　）

2. 读一读文天祥的《过零丁洋》一诗，并将其抄写下来，感受文天祥的爱国精神。

_____

_____

答案：1.（1）死（2）仁、义（3）兴亡，有责　2.辛苦遭逢起一经，干戈寥落四周星。山河破碎风飘絮，身世浮沉雨打萍。惶恐滩头说惶恐，零丁洋里叹零丁。人生自古谁无死，留取丹心照汗青。

苏武牧羊

《汉书·苏武传》

律知武终不可胁，白①单（chán）于②。单于愈益③欲降④之。乃幽⑤武，置大窖中，绝不饮食。天雨（yù）雪⑥，武卧啮（niè）雪与旃（zhān）⑦毛并咽之，数日不死。匈奴以为神，乃徙武北海上无人处，使牧羝（dī）⑧。羝乳⑨乃得归。

武既至海上，廪（lǐn）食⑩不至，掘野鼠去（jǔ）⑪草实而食之。杖汉节⑫牧羊，卧起操持，节旄（máo）尽落。

字词小贴士

① 白：告诉，报告。
② 单于：匈奴人对他们部落联盟首领的专称。
③ 愈益：更加，越发。
④ 降：降服，使……投降。
⑤ 幽：监禁。
⑥ 雨雪：下雪。
⑦ 旃：同"毡"，毛织物。
⑧ 羝：公羊。
⑨ 乳：生育，生子。
⑩ 廪食：官府供给的粮食。
⑪ 去："弆"的古字，收藏。
⑫ 节：符节，旌节。缀有旄牛尾的竹竿，是古代使者出使的信物。

古文转换站

卫律知道终究不能胁迫苏武投降，就报告了单于。单于越发想让苏武投降。他就把苏武囚禁起来，关在大地窖里面，不给他喝的吃的。天下雪，苏武躺在地上嚼雪，同毡毛一起吞下，过了好多天都没死。匈奴人认为这很神奇，就把苏武流放到北海边没有人的地方，让他放牧公羊。匈奴人告诉他，等到公羊生了小羊他才能回到汉朝。

苏武到北海后，没有匈奴供应的粮食，他就靠挖掘野鼠、储藏草籽来吃。苏武拄着汉朝的符节放牧羊群，不管是躺着还是起来都拿着，系在符节上的牦牛毛全都脱落了。

古文趣味多

鸿雁传书

汉武帝时，使臣苏武被匈奴押在北海苦寒地带多年。后来，汉朝派使者前去匈奴要求释放苏武，匈奴单于谎称苏武已死。

这时有人暗地告诉汉使事情的真相，并给他出主意，让他对单于说：汉皇射下一只大雁，这只雁足上系着苏武的帛书，证明他确实未死，只是受困。汉使照做，这样，单于再也无法谎称苏武已死，只得把他放回汉朝。

从此，"鸿雁传书"的故事便流传下来。而"鸿雁"也就成了"信差"的美称。

智慧修炼场

1．请你判断下列句中"之"字的解释是否正确。

（1）单于愈益欲降之　　　　卫律　　　（　）

（2）武卧啮雪与旃毛并咽之　　苏武　　　（　）

（3）掘野鼠去草实而食之　　　野鼠和草实（　）

2．请你能用孟子的一句名言填空。

本文表现出苏武崇高的民族气节，表现出他"＿＿＿＿＿＿，＿＿＿＿＿＿＿＿＿＿"的骨气。

木兰从军

《古今乐录》

木兰者,古时一民间女子也。少习骑,长而益精。值可汗点兵,其父名在军书,与同里①诸少年皆次当行（háng）②。因其父以老病不能行,木兰乃易男装,市③鞍马,代父从军。溯（sù）④黄河,度黑山,转战驱驰凡⑤十有二年,数（shuò）⑥建奇功。嘻⑦！男子可为之事女子未必不可为,余观夫木兰从军之事,因益信。

字词小贴士

① 里：古代户口编制单位。
② 皆次当行：都被编入队伍。次，编次。当行，在征发之列。
③ 市：购买。
④ 溯：逆着水流的方向走。
⑤ 凡：总共。
⑥ 数：屡次。
⑦ 嘻：叹词。此处表示赞叹。

古文转换站

花木兰是古时候的一位民间女子。她从小练习骑马，随着年龄的增长技艺不断精深。时值可汗征兵，她父亲的名字在名册上，和同里的许多年轻人都在此次出征之列。因为她的父亲年老多病不能前往，木兰便扮男装，购买马和马鞍，替父亲参加军队。她逆黄河而上，翻越黑山，与敌作战驰骋沙场十二年之久，屡建奇功。男子做得到的事女子不一定做不到，我看到木兰从军之事后，便更加相信这个道理了。

古文趣味多

巾帼英雄花木兰

花木兰是中国古代的巾帼英雄，她代父从军的事迹广为流传，唐代皇帝追封她为"孝烈将军"。

花木兰故事的流传，应归功于《木兰辞》这一民歌，但花木兰的姓氏、籍贯等，史书并没有确切记载。花木兰的故事主要有两种说法：第一种是北魏太武帝年间，花木兰替父从军，参加了北魏破柔然之战，她多次参与兵伐柔然的战役，且表现突出，但却无人发现她是女子。第二种是隋恭帝义宁年间，突厥犯边，木兰女扮男装，代父从军，征战疆场多年，屡建功勋。

智慧修炼场

1."转战驱驰凡十有二年，数建奇功"一句的正确意思是（　　）

A.驰骋沙场作战共十二年，建立的功勋数不清

B.驰骋沙场作战共十二年，屡次建立功勋

C.驰骋沙场作战了二十年，屡次建立功勋

D.驰骋沙场作战了二十年，建立的功勋数不清

2.给下面人物和其所代指的称谓用线连起来。

①花木兰　　　　A.老英雄

②红娘　　　　　B.巾帼英雄

③罗成　　　　　C.媒人

④黄忠　　　　　D.少年英雄

答案：1.B；2.①—B；②—C；③—D；④—A

飞将军李广①

《史记·李将军列传》

广廉，得赏赐辄（zhé）分其麾（huī）下②，饮食与士共之。终广之身，为二千石③四十余年，家无余财，终不言家产事。广之将④兵，乏绝之处，见水，士卒不尽饮，广不近水；士卒不尽食，广不尝食。宽缓不苛，士以此爱乐为用。

字词小贴士

① 李广：汉武帝时期的"飞将军"，抗击匈奴屡立奇功。
② 麾下：部下。
③ 二千石：此处指年俸两千石的官职。石，古代容量单位。
④ 将：带领。

古文转换站

　　李广为官清廉，得到赏赐就分给他的部下，饮食总与士兵在一起。李广一生到死，做年俸两千石的官四十多年，家中没有多余的财物，始终也不谈及家产方面的事。李广带兵，在缺粮断水的地方，见到水，士兵没有喝够，李广就不靠近水；士兵没有吃饱，李广就一口饭也不尝。李广对士兵宽厚和缓不苛刻，士兵因此爱戴他，乐于为他所用。

古文趣味多

李广射虎

　　一次，李广外出打猎，看见草丛中的一块大石头，以为是老虎，就一箭射去，射中石头，箭头没入其中，他走近看才发现是石头。于是李广又重复射石头，但是再也没有把箭射进石头里。其实，李广也真的射过老虎，虽然老虎跳起来伤了他，但李广最终也射杀了老虎。

智慧修炼场

1.从这篇小古文中你能看出李广是个什么样的人?
_____
_____

2.唐代诗人卢纶写过一首以李广射虎为题材的诗《塞下曲》,你能背出来吗?
_____
_____

答案:1.例:李广神态镇定沉着机智,与士兵同吃同喝甘苦与共,可以看出他是一位身经百战、不畏艰险、能与士兵同甘共苦、镇定自若、爱兵如子的将军。2.林暗草惊风,将军夜引弓。平明寻白羽,没在石棱中。

去病①无家

《汉书·卫青霍去病列传》

去病为人少言不泄②,有气敢往。上尝③欲教之吴孙兵法,对曰:"顾方略④何如耳,不至学古兵法。"上为治第⑤,令视之,对曰:"匈奴不灭,无以家为也。"由此上益重爱之。

字词小贴士

① 去病：即霍去病，西汉名将，打通了河西走廊。
② 泄：泄露。
③ 尝：曾经。
④ 方略：谋略。
⑤ 第：宅第。

古文转换站

霍去病为人沉默寡言，有勇气敢做敢当。武帝曾想教他学习吴起、孙武的兵法，他回答说："（打仗）看谋略又能怎样呢，不必学习古代兵法。"武帝替他修了一座宅第，让他看看，他回答说："匈奴不消灭，就没有家。"从此武帝更加重视、喜爱他。

古文趣味多

为什么《吴子兵法》没有《孙子兵法》有名？

从时间上说，《孙子兵法》成书于春秋末期，早于《吴子兵法》。《孙子兵法》成书的时代，兵法发生了质的变化，即从军礼传统转向诡诈用兵，《孙子兵法》确立了"兵以诈立"的用兵原则。

从内容上看，《孙子兵法》体系完整，论述精辟到位。明代茅元仪评价："前孙子者，孙子不遗；后孙子者，不能遗孙子。"意思是，孙子之前的人提出的军事思想，孙子都没有遗漏；孙子之后的人提出的，都没有超越孙子思想范畴的。而《吴子兵法》散佚较多，且其理论对《孙子兵法》的继承多于发展。

从作者本身来看，孙子被称为"兵圣"，吴起被列为"亚圣"；并且，吴起杀妻求将、母死不丧的行为常被后人诟病。

　　从这几方面看，《吴子兵法》不如《孙子兵法》有名，也就不难理解了。

智慧修炼场

　　1.结合古文内容，判断下列说法的正误。

　　（1）由"为人少言不泄，有气敢往"，可以看出霍去病是一个言语谨慎，但又敢作敢为的人。　　　　　　　　　　（　　）

　　（2）"匈奴不灭，无以家为也"表现出霍去病是一个以国家为重，不重个人私利，有强烈责任感的将军。　　（　　）

　　（3）"上尝欲教之吴孙兵法"中的"吴孙"指吴起和孙武。
　　　　　　　　　　　　　　　　　　　　　　　　　（　　）

　　（4）由"顾方略何如耳，不至学古兵法"，可以看出霍去病是一个不爱学习的人。　　　　　　　　　　　　　　　（　　）

　　2."去病无家"已经演化成一个成语，你能根据本文的内容说说它的意思吗？

答案：1.（1）√（2）√（3）√（4）× 2.匈奴尚未灭，何以家为？霍去病所表现的是大将的魄力，弃小家为大家，"匈奴未灭，何以家为"，视匈奴为自己的头号敌人，保家卫国的细情。

第十三辑 孝亲敬师

子夏问孝

《论语·为政》

子夏问孝。子曰:"色难①。有事,弟子②服③其劳;有酒食,先生④馔(zhuàn)⑤,曾⑥是以为孝乎?"

字词小贴士

① 色难：有两种解释，一是侍奉父母，以能和颜悦色最为困难，"色"指子女的脸色；二是子女能顺承父母的脸色最为难得，"色"指父母的脸色。色，脸色。

② 弟子：指年幼者，如儿女。

③ 服：行，从事。

④ 先生：指长者或父母。

⑤ 馔：吃喝，食用。

⑥ 曾：乃，竟，难道。

古文转换站

子夏向孔子请教孝道。孔子说："侍奉父母，能随时和颜悦色是最难得的。有事时，由儿女出劳力为父母去做；有酒饭时，让父母享用，难道这样做就算是孝顺吗？"

古文趣味多

关于孝的经典名句

不得乎亲，不可以为人；不顺乎亲，不可以为子。——孟子

孝有三：大孝尊亲，其次弗辱，其下能养。——曾子

事其亲者，不择地而安之，孝之至也。——庄子

为人子，止于孝；为人父，止于慈。——《大学》

夫孝，天之经也，地之义也。——《孝经》

人之行，莫大于孝。——《孝经》

慈孝之心，人皆有之。——苏辙

千经万典，孝义为先。——《增广贤文》

智慧修炼场

1.判断下面句中加点字的解释是否正确，正确的打"√"，错误的打"×"。

（1）弟子服其劳　　徒弟　　　　　　　　（　）

（2）曾是以为孝乎　　曾经　　　　　　　（　）

2.孔子认为"有事，弟子服其劳；有酒食，先生馔"，还不是孝的全部。试着揣测一下孔子的主张，他认为真正的"孝"还应该怎样呢？

爱 弟

《民国老课本》

丁生有弟,甚爱之。一日,弟疾①,卧床不能起。丁生暇②时,辄(zhé)坐床前。为弟讲故事,唱歌曲,以解其闷。及疾愈③,始已④。

字词小贴士

① 疾：病，身体不舒服。
② 暇：空闲。
③ 愈：病好。
④ 已：止。

古文转换站

丁生有个弟弟，丁生很爱他。一天，弟弟生病了，躺在床上不能起来。丁生空闲的时候，就坐在床前。他给弟弟讲故事、唱歌，来给弟弟解闷。等到弟弟的病好了，他才停止。

古文趣味多

"疾""病"说文解字

"疾"字，一个病字框，里面是一个"矢"。"矢"即"箭"，意思是外来的病害侵害人的身体，就像射来的箭一样。人们用"疾"统称那些外来因素引起的疾病，如感冒、传染病等。

"病"字，一个病字框，里面是一个"丙"。"丙"代表心，意思是身体本身不舒服。人们用"病"统称那些源自自身的疾病，如心脏病、肩周炎等。

智慧修炼场

1.你能说出下面句中加点字的意义吗？
（1）辄坐床前　　　（　　　　）
（2）及疾愈　　　　（　　　　）

2.根据古文的意思，填入合适的内容。

（1）丁生疼爱的弟弟（　　　　），躺在床上不能起来。

（2）只要有空闲时间，丁生就坐在弟弟的（　　　　）。

（3）为了给弟弟（　　　　），他唱歌给弟弟听，还给他（　　　　）。

（4）直到弟弟（　　　　），他才停下。

程门立雪

《宋史·杨时传》

杨时见程颐(yí)①于洛②。时盖③年四十矣。一日见④颐,颐偶瞑(míng)坐⑤,时与游酢(zuò)⑥侍(shì)立⑦不去。颐既觉⑧,则门外雪深一尺矣。

字词小贴士

① 程颐：与其兄程颢均为北宋著名理学家和教育家。
② 洛：洛阳。
③ 盖：同"概"，大概。
④ 见：拜见。
⑤ 瞑坐：坐着打瞌睡。瞑，闭眼。
⑥ 游酢：北宋书法家、理学家。
⑦ 侍立：恭敬地站在一旁。
⑧ 觉：醒。

古文转换站

　　杨时到洛阳求见程颐。当时杨时大概有四十岁了。一天他拜见程颐的时候，程颐恰巧正坐着打瞌睡，杨时与游酢恭敬地站在门外没有离开。程颐醒后，门外积雪已经一尺厚了。

古文趣味多

古诗中含"雪"的名句

孤舟蓑笠翁，独钓寒江雪。　　　　（柳宗元《江雪》）
柴门闻犬吠，风雪夜归人。（刘长卿《逢雪宿芙蓉山主人》）
欲渡黄河冰塞川，将登太行雪满山。　（李白《行路难》）
窗含西岭千秋雪，门泊东吴万里船。　　（杜甫《绝句》）
青海长云暗雪山，孤城遥望玉门关。
　　　　　　　　　　　（王昌龄《从军行七首·其四》）
千里黄云白日曛，北风吹雁雪纷纷。　（高适《别董大》）
北风卷地白草折，胡天八月即飞雪。
　　　　　　　　　　　（岑参《白雪歌送武判官归京》）

智慧修炼场

1.下面句中加点字的古今意义有什么不同呢？试着写在下面。

（1）一日见颐　　　古义：_____
　　　　　　　　　　今义：_____

（2）时与游酢侍立不去　古义：_____
　　　　　　　　　　　　今义：_____

2.这个故事常用来比喻求学心切和尊敬有学问的长者。你能说出一个类似的故事吗？

_____

_____

黄香温席

《二十四孝》

昔汉时黄香,江夏①人也。年方②九岁,知事③亲之理。每当夏日炎热之时,则扇父母帷(wéi)帐④,令枕席清凉,蚊蚋(ruì)⑤远避,以待亲之安寝;至于冬日严寒,则以身暖⑥其亲之衾(qīn)⑦,以待亲之暖卧。于是名播⑧京师,号曰"天下无双,江夏黄香"。

字词小贴士

① 江夏：古地名，在今湖北省境内。
② 方：正好。
③ 事：侍奉。
④ 帷帐：帐子。
⑤ 蚋：吸人血的小虫。
⑥ 暖：形容词作动词，使……暖和。
⑦ 衾：被子。
⑧ 播：传播，散布，传扬。

古文转换站

汉朝的黄香，是江夏人。九岁时，他就已经懂得孝顺长辈的道理。每当夏天炎热的时候，他就给父母的帐子里扇扇子，让枕头和席子更清凉，使蚊虫避开，以便父母舒服地睡觉；到了冬天寒冷的时候，他就用自己的身体让父母的被子变得温暖，好让父母睡起来暖和。因此，黄香的事迹流传到了京城，号称"天下无双，江夏黄香"。

古文趣味多

"布衾"与"锦衾"

"布衾"指布面的被子。唐朝以前的老百姓用的布一般是用麻、葛等制成的，价格低廉但质地粗糙。唐代杜甫《茅屋为秋风所破歌》："布衾多年冷似铁，娇儿恶卧踏里裂。"

"锦衾"指锦缎面的被子，质地丝滑，是富贵人家才会用的。唐代岑参《白雪歌送武判官归京》："散入珠帘湿罗幕，狐裘不暖锦衾薄。"

宋代以前，中国只有带丝旁的"绵"字，没有带木旁的"棉"字。"棉"字是从《宋书》起才开始出现的。原来的"绵"是木绵，多用来填充被子和枕头。

智慧修炼场

1.判断下面说法是否正确，正确的打"√"，错误的打"×"。

（1）"以待亲之安寝"与"以身暖其亲之衾"中的两个"以"意义相同。（　　）

（2）"以身暖其亲之衾"中的"暖"可解释为"使……暖和"。（　　）

2.《三字经》中有对黄香的描写，你能将下面的内容补充完整吗？

（　　　　），（　　　　）。孝于亲，（　　　　）。

煮粥待姊

《隋唐嘉话》

英公①虽贵为仆射（yè）②，其姊病，必亲为粥，釜③燃，辄④焚其须。姊曰："仆妾多矣，何为⑤自苦如此？"绩曰："岂为无人耶！顾⑥今姊年老，绩亦年老，虽欲久为姊粥，复可得乎？"

字词小贴士

① 英公：即李绩，唐朝名将，被封为"英国公"。
② 仆射：官名，相当于宰相。
③ 釜：古代的一种锅。
④ 辄：往往。
⑤ 何为：即"为何"，为什么。
⑥ 顾：只是。

古文转换站

英国公李绩虽然身为仆射身份尊贵，但他的姐姐病了，他必定亲自为姐姐煮粥，锅底下的火往往烧了他的胡须。他的姐姐说："你的仆人、侍妾那么多，你为什么要让自己这样吃苦受罪？"李绩说："难道真的因为没有人去做吗？只不过姐姐现在年纪大了，我也老了，即使想长久地为姐姐烧火煮粥，又怎么可能呢？"

古文趣味多

"顾"在古文中的意义

（1）回头看。如："友人惭，下车引之。元方入门，不顾。"（《世说新语·方正》）

（2）访问，拜访。如："将军宜枉驾顾之。"（《三国志·诸葛亮传》）

（3）照顾，关怀。如："三岁贯汝，莫我肯顾。"（《诗经·魏风·硕鼠》）

（4）顾虑，考虑。如："大行不顾细谨，大礼不辞小让。"（《史记·项羽本纪》）

"仆射"是什么官职？

"仆射"是官名，秦朝时开始设置。汉成帝建始四年，设置尚书五人，一人为仆射，地位仅次于尚书令，职权很重。汉献帝建安四年，设置左右仆射。唐宋时左右仆射为宰相之职。宋以后废除仆射一职。

智慧修炼场

1. 文中的哪一句生动地表现了英公照顾姐姐的辛苦？

2. 根据你对这篇古文的理解，你认为英公具有怎样的品质？

林琴南送米于师

《清稗类钞》

闽县林琴南①孝廉②纾（shū）六七岁时，从师读。师贫甚，炊不得米。林知之，亟（jí）③归，以袜实④米，满之，负⑤以致师。师怒，谓其窃，却弗受。林归以告母，母笑曰："若心固⑥善，然此岂束脩⑦之礼？"即呼备⑧，赍（jī）⑨米一石致之塾，师乃受。

字词小贴士

① 林琴南：林纾，字琴南，福建闽县（今福州市）人，近代文学家，尤以翻译外国小说名世。
② 孝廉：指被举荐的士人。
③ 亟：急忙。
④ 实：装。
⑤ 负：背。
⑥ 固：本来。
⑦ 束脩：捆成一束的十条干肉，多指学生给老师的礼物或酬金。
⑧ 呼备：叫人准备。
⑨ 赍：携带（送）。

古文转换站

闽县士人林琴南六七岁的时候，跟随老师读书。老师非常贫困，做饭没有米。林琴南知道了这事，急忙回家，用袜子装米，装满了，背着送给老师。老师生气了，说他偷盗，拒不接受。林琴南回家告诉了母亲，母亲笑着说："你这份心意本来是好的，但是这样难道是学生赠送老师礼物的礼节吗？"随即叫人准备，林琴南带着一石米送到私塾，老师才接受了。

古文趣味多

《清稗类钞》

《清稗类钞》是民国时期徐珂创作的清代掌故遗闻的汇编。

徐珂（1869—1928），原名徐昌，字仲可，别署中可、仲玉，浙江杭县（今杭州市）人，光绪年间举人。他的著述很多，是《辞源》的编辑之一。

《清稗类钞》从清人、近人的文集、笔记、札记、报章中广搜博采，仿照清代潘永因《宋稗类钞》的体例编辑而成。书中记载的事，上起顺治、康熙，下迄光绪、宣统，分九十二类，共一万三千五百余条。书中涉及内容极其广泛，包括军国大事、典章制度、社会经济、学术文化、名臣硕儒、民情风俗、古迹名胜等等。

这部书的许多资料可补正史之不足，特别是关于社会经济、下层社会、民情风俗的资料，对于研究清代社会历史很有参考价值。

智慧修炼场

1. 你能说说下面句中加点词语的意思吗？
   （1）以袜实米　　　（　　　）
   （2）谓其窃　　　　（　　　）
   （3）若心固善　　　（　　　）

2. 读完这个故事，你觉得林琴南是一个怎样的人呢？
   _____
   _____

答案：1.（1）用（2）偷（3）本来。 2.例：林琴南是一个心地善良、孝敬老师的人。

陆绩①怀橘

《三国志·吴志·陆绩传》

陆绩,三国时吴人也。官至太守,精于天文、历法。绩年六,于九江见袁术②。术令人出橘食之。绩怀③三枚,临行拜辞术,而橘坠地。术笑曰:"陆郎作客而怀橘,何为耶④?"绩跪对曰:"是橘甘,欲怀而遗(wèi)⑤母。"术曰:"陆郎幼而知孝,大必成才。"术奇之,后常称说。

字词小贴士

① 陆绩：三国时吴国著名学者。
② 袁术：字公路，三国时期的军阀。
③ 怀：装到怀里。
④ 耶：感叹词。
⑤ 遗：送给。

古文转换站

　　陆绩，是三国时期吴国人。他的官职到了太守，精通天文、历法。陆绩六岁的时候，在九江见到袁术。袁术叫人拿出橘子给他吃。陆绩在怀里装了三个，临走向袁术告辞时，橘子掉在地上。袁术笑着说："陆郎在这里做客却怀揣着橘子回去，是为了什么呢？"陆绩跪着回答说："这橘子很甜，我想拿回去给母亲。"袁术说："陆郎这么小就知道孝顺，长大后必然成为有才之人。"袁术对此感到很惊奇，后来常常称道此事。

古文趣味多

《三国志》

　　《三国志》是由西晋史学家陈寿所著，记载三国时期历史的纪传体史书，是"二十四史"中评价最高的"前四史"之一。

　　《三国志》全书共六十五卷，其中《魏书》三十卷，《蜀书》十五卷，《吴书》二十卷。因为陈寿是晋朝朝臣，晋承魏而得天下，所以《三国志》尊魏为正统。这本书取材精审，作者对史实进行了认真的考证和慎重的选择。整本书虽有文辞简约的特点，但也有关键人物记载史料不足的缺点。

智慧修炼场

1.请根据本文，补全下面的内容。

陆绩怀橘，（　　　），袁术笑问："何为耶？"绩对曰："是橘（　　　），欲怀而遗（　　　）。"术（　　　）之。

2.读完此文，你如何评价陆绩怀橘的行为？

_____

_____

答案：1.橘坠地　甘　母亲　奇　2.例：陆绩小小年纪就知道孝敬母亲，懂念母亲，难能可贵。

第十四辑 勤政爱民

第83课

道千乘之国

《论语·学而》

子曰:"道①千乘(shèng)之国②,敬事③而信,节用而爱人,使民以时④。"

字词小贴士

① 道:治理。
② 千乘之国:拥有一千驾战车的国家,指中等诸侯国。乘,古代以四匹马拉的兵车。
③ 敬事:指严肃的治事态度。
④ 时:这里指农时。

古文转换站

孔子说:"治理一个中等的诸侯国,要严肃治事并有诚信,要节约财用并爱护人民,要根据农时来使用民力。"

古文趣味多

"千乘之国"与"万乘之国"

"乘"是春秋战国时代军队的基本编制。当时军队出征,多以战车为中心,配以一定数量的步兵,再加后勤车辆与徒役编组。依照周制，天子拥有方圆千里的土地，出兵车万乘；诸侯拥有方圆百里的土地，出兵车千乘。

自商朝至春秋时期，战车一直是军队的主要作战装备，并逐渐成为衡量国家实力的标准。商代晚期一些遗址中就已发掘出战车痕迹。据记载，周武王伐纣"戎车三百乘，虎贲三千人，甲士四万五千人"。其后，逐渐有了"千乘之国""万乘之国"之称。

"千乘之国"指拥有一千辆兵车的国家，春秋时期指中等诸侯国，语出《论语·学而》。"万乘之国"指大国，一般指周王室，语出《孟子·梁惠王上》。

智慧修炼场

1. 根据短文，说说下列句中加点字的意思。
（1）敬事而信　　　（　　　　）
（2）使民以时　　　（　　　　）
2. 你还知道哪些《论语》中的名句？选择自己喜欢的一句写下来。

陶侃（kǎn）惜谷

《晋书·陶侃传》

陶侃尝出游，见人持①一把未熟稻，侃问："用此何为？"人云："行道所见，聊②取之耳。"侃大怒诘（jié）③曰："汝既不田④，而戏贼⑤人稻！"执而鞭⑥之。是以⑦百姓勤于农植⑧，家给（jǐ）⑨人足。

字词小贴士

① 持：拿着。
② 聊：随便。
③ 诘：责问。
④ 田：名词作动词，种田。
⑤ 贼：损害，伤害。
⑥ 鞭：名词作动词，用鞭子打。
⑦ 是以：因此。
⑧ 勤于农植：即"于农植勤"，对农业肯下功夫。
⑨ 给：足，丰足。

古文转换站

陶侃曾经外出游览，看到一个人拿着一把没熟的稻穗，陶侃问："拿这些东西干什么？"那人说："我在路上看见的，随便拔一把罢了。"陶侃非常生气地责问他："你既然不种田，竟还为了好玩毁坏人家的稻谷！"于是陶侃就把那人抓起来用鞭子打。因此老百姓都勤恳耕种，家家生活宽裕，人人丰衣足食。

古文趣味多

陶母责子

陶侃在鱼梁做官时，曾经托人给母亲送去一罐咸鱼。陶母叫人把东西原封不动送回去，并且写书信责备他身为官吏，却将官府的东西送给自己母亲，这样做不但不能让母亲高兴，反而增加她的忧愁。陶母在信中告诫儿子为官要清正廉洁。陶侃后来担任荆州刺史，名声很好，这和陶母的教育是分不开的。

智慧修炼场

1. 说说下面句中加点词的意义和用法。
   （1）汝既不田　　（　　　　　　　　　　）
   （2）执而鞭之　　（　　　　　　　　　　）
2. 文中陶侃为什么大怒？（用原文中的话回答）

_____

_____

答案：1.（1）名词作动词，种田。（2）名词作动词，用鞭子打。2.汝既不田，而戏贼人稻！

第85课

齐王使使者问赵威后

《战国策·齐策》

齐王使①使者问②赵威后③。书未发④，威后问使者曰："岁⑤亦无恙耶？民亦无恙耶？王亦无恙耶？"使者不说（yuè）⑥，曰："臣奉使使威后，今不问王而先问岁与民，岂先贱而后尊贵者乎？"威后曰："不然⑦，苟无岁，何以有民？苟无民，何以有君？故有舍本而问末者耶？"

字词小贴士

① 使：派。
② 问：聘问，问候。
③ 赵威后：赵惠文王妻。
④ 发：启封。
⑤ 岁：收成。
⑥ 说：同"悦"，愉快。
⑦ 然：对，正确。

古文转换站

齐襄王派遣使者问候赵威后。国书还没有打开，赵威后就问使者："今年收成还好吗？百姓没有忧患吗？齐王好吗？"使者不高兴，说："我奉命向威后问好，您现在不先问我们大王的状况却先打听收成、百姓的状况，怎能把低贱者放在前头而把尊贵者放在后边呢？"赵威后说："不是这样的，如果没有收成，哪里有百姓？如果没有百姓，怎么会有国君？所以哪有不问根本而去问枝节的人呢？"

古文趣味多

"舍本求末"的由来

《吕氏春秋·上农》："民舍本而事末则不令，不令则不可以守，不可以战；民舍本而事末则其产约，其产约则轻迁徙，轻迁徙则国家有患，皆有远志，无有居心。"成语"舍本求末"由此而来。舍，舍弃；求，追求。意思是抛弃根本的、主要的，而去追求枝节的、次要的。比喻不抓根本环节，而只在枝节问题上下功夫。

赵威后是谁?

赵威后（?—前264），赵惠文王的王后，赵孝成王的母亲，又称赵惠文后、孝威太后。赵惠文王去世后，她曾一度临朝听政。史书对她执政时期的作为有两段非常生动的记载，一是《触龙说赵太后》，二是《齐王使使者问赵威后》。

智慧修炼场

1. 说说下面句中加点字的意思。
   （1）书未发　　（　　　　）
   （2）苟无岁　　（　　　　）
2. 文中赵威后说的"本"和"末"分别指什么？

郑板桥开仓济民

《郑燮传》

郑燮（xiè），号板桥，清乾隆元年进士，以画竹、兰为长。曾任范县令，爱民如子。室无贿赂①，案无留牍（dú）②。公之余辄与文士畅饮咏诗，至有忘其为长吏者。迁③潍县，值④岁荒，人相食。燮开仓赈济，或⑤阻之，燮曰："此何时，若辗转申报，民岂得活乎？上有谴⑥，我任⑦之。"即发谷与民，活万余人。去任之日，父老沿途送之。

字词小贴士

① 贿赂：有求于某人而送的东西。
② 留牍：遗留下的公文。牍，公文。
③ 迁：工作调动，迁到。
④ 值：遇，遇到。
⑤ 或：有人。
⑥ 谴：谴责、责备。
⑦ 任：承担责任。

古文转换站

郑燮，号板桥，清朝乾隆元年的进士，擅长画竹和兰花。曾经担任范县县令，爱护百姓就像爱护自己的孩子一样。他家里没有收受的贿赂，桌子上没有遗留的公文。郑公空闲的时间经常和文人们饮酒诵诗，以至于有人忘记他是一县的长官。后来调任到潍县做官，正逢上荒年，到了人吃人的地步。郑燮开官仓放粮赈济灾民，有人阻止他，郑燮说："现在什么时候了？要是经过多人向上申报，百姓怎么活命？上面降罪，我一人承担。"他立即发米给老百姓，让上万人活了下来。他离任那天，潍县的百姓沿路相送。

古文趣味多

扬州八怪

扬州八怪，是对清康熙中期至乾隆末年活跃在扬州地区的一批风格相近的书画家的总称，美术史上也常称其为"扬州画派"。较为公认的是：金农、郑燮、黄慎、李鱓、李方膺、汪士慎、罗聘、高翔。他们大多出身贫寒，生活清苦，清高狂放，书画风格异于常人，不落俗套。

智慧修炼场

从下列材料和选文中,你能看出郑板桥是一个怎样的人吗?

材料一:郑板桥辞官后,"一肩明月,两袖清风",只带着一条黄狗和一盆兰花回乡隐居。

材料二:衙斋卧听萧萧竹,疑是民间疾苦声。些小吾曹州县吏,一枝一叶总关情。

答案:例:郑板桥是一个清廉、爱民的好官。

处之不易①

《世说新语》

殷仲堪②既为荆州,值水俭③。食常五碗,盘外无余肴。饭粒脱落盘席间,辄拾以啖(dàn)④之。虽欲率物⑤,亦缘其性真素⑥。每语子弟云:"勿以我受任方州⑦,云我豁⑧平昔时意,今吾处之不易。贫者士之常,焉得登枝而捐其本?尔曹⑨其存⑩之!"

字词小贴士

① 易：改变。
② 殷仲堪：东晋人，曾任荆州刺史。
③ 俭：荒年。
④ 啖：吃。
⑤ 率物：为人表率。
⑥ 素：朴素。
⑦ 受任方州：受命担任大州刺史。
⑧ 豁：抛弃。
⑨ 尔曹：你们。
⑩ 存：谨记。

古文转换站

殷仲堪做荆州刺史，上任时正赶上水涝歉收。他每餐吃五碗菜，再没有别的佳肴。饭粒掉在餐桌上，他总要捡起来吃掉。这样做虽然是想要为人表率，也是由于他生性朴素。他常常对子弟们说："不要因为我出任一州长官，就认为我会把从前平常时的意愿操守丢弃，现在我处在这个位置上也不会改变。清贫是读书人的常态，怎么能够登上高枝就抛弃它的根本呢？你们要谨记这个道理！"

古文趣味多

"尔曹"与"吾曹"

尔曹，代词，汝辈，你们。杜甫《戏为六绝句·其二》："尔曹身与名俱灭，不废江河万古流。"

吾曹，代词，我辈，我们。南朝梁王僧孺《与何炯书》："斯大丈夫之志，非吾曹之所能及已。"

智慧修炼场

1. 结合选文，说说下列句中加点词的意思。
（1）辄拾以啖之　　（　　　　）
（2）亦缘其性真素　　（　　　　）

2. 文中"饭粒脱落盘席间，辄拾以啖之"这句话让你想到了哪句古诗？

_____

_____

答案：1.（1）吃。（2）由于，因为。 2.谁知盘中餐，粒粒皆辛苦。

宋仁宗忍饿

《东轩笔录》

宋仁宗一日晨兴①,语近臣曰:"昨夕因不寐而甚饥,思食烧羊。"侍臣曰:"何不降旨取索?"仁宗曰:"比②闻禁中③每有索取,外面遂以为例。诚④恐自此逐⑤夜宰杀,以备非时供应。则岁月之久,害物多矣。岂不可忍一夕之馁(něi)⑥,而启无穷之杀也。"

字词小贴士

① 兴：起身。
② 比：最近。
③ 禁中：皇宫里。
④ 诚：实在。
⑤ 逐：每。
⑥ 馁：饥饿。

古文转换站

宋仁宗一天早上起床后，对身边的大臣说："昨天晚上因为睡不着所以很饿，想吃烧羊。"大臣说："为什么不下命令索取几个来？"仁宗说："近来听说皇宫里每次一索要，宫外的人便以此为规矩。我是真的担心（如果这次我下命令索要了），从此以后就会每夜宰杀，来预备一般情况之外的供应。那么时间一长，损害的财物就多了。怎么能因为无法忍受一时的饥饿，就开始无止境的杀戮呢？"

古文趣味多

"旨"及其他

表示皇帝命令的专用词语。封建社会等级极为森严，不仅以种种礼仪区分尊卑高下，连用词也有讲究。文中所说的"降旨"，意为皇帝下命令，是只有皇帝可用的词汇。其他近义的还有"诏""敕""制"等。

除此之外，"朕"是皇帝自称；"御"是皇帝使用的东西，如"御膳""御笔""御花园"等；"幸"指皇帝到某地去；"玺"是皇帝的图章；"陵"是皇帝的坟墓。

智慧修炼场

1. 对文中"则岁月之久,害物多矣"这句话理解正确的一项是
（　　）

A.那么岁月长久,浪费的物品就多了啊。
B.那么岁月长久,很多动物都给害死了啊。
C.那么时间一长,浪费的财物就多了啊。
D.那么时间一长,有害的东西就多了啊。

2. 本文体现了宋仁宗什么品质？谈谈你从故事中获得的启示。

第十五辑 诚心守诚

伯牙绝①弦

《吕氏春秋》

伯牙善②鼓③琴,钟子期善听。伯牙鼓琴,志在高山,钟子期曰:"善哉④,峨(é)峨⑤兮⑥若泰山!"志在流水,钟子期曰:"善哉,洋洋兮若江河!"伯牙所念⑦,钟子期必得之。子期死,伯牙谓世再无知音⑧,乃破琴绝弦,终身不复鼓。

字词小贴士

① 绝：断绝。
② 善：擅长，善于。
③ 鼓：弹。
④ 哉：语气词，表示感叹，可译为"啊"。
⑤ 峨峨：高。
⑥ 兮：语气词，相当于"啊"。
⑦ 念：心里所想的。
⑧ 知音：理解自己心意，有共同语言的人。

古文转换站

　　伯牙擅长弹琴，钟子期擅长听琴。伯牙弹琴的时候，心里想到巍峨的山峰，钟子期说："好啊，就像巍峨的泰山高耸入云！"伯牙弹琴时，心里想到宽广的江河，钟子期说："好啊，宛如一望无际的江河浩浩荡荡！"伯牙弹琴的时候心里想的，钟子期都能理解。钟子期去世后，伯牙认为世界上再也没有能懂得他琴音的人了，于是他摔破了琴，挑断了琴弦，终生不再弹琴。

古文趣味多

古琴曲《高山流水》

　　《高山流水》，中国古琴曲，属于"中国十大古曲"之一。"高山流水"的典故最早见于《列子·汤问》。传说先秦的琴师伯牙一次在荒山野地弹琴，樵夫钟子期竟能领会这是描绘"峨峨兮若泰山"和"洋洋兮若江河"。伯牙惊道："善哉，子之心而与吾心同。"钟子期死后，伯牙痛失知音，摔琴绝弦，终生不弹。
　　"高山流水"常比喻知己或知音，也比喻乐曲高妙。

智慧修炼场

1.根据你的理解，试着用"/"标注下面句子的朗读停顿。

乃 破 琴 绝 弦，终 身 不 复 鼓。

2.伯牙为什么"破琴绝弦，终身不复鼓"？（用原文回答）

_____

_____

答案：1.乃/破琴/绝弦，终身/不复鼓。   2.子期死，伯牙谓世再无知音。

吴起守信

《韩非子·外储说左上》

昔吴起出,遇故人,而止①之食②。故人③曰:"诺,期返而食。"起曰:"待公而食。"故人至暮不来,起不食待之。明日早,令人求④故人,故人来,方⑤与之食。

字词小贴士

① 止：使停止，使留下。
② 食：吃，这里指留某人吃饭
③ 故人：老朋友。故，以前的，原来的。
④ 求：寻找。
⑤ 方：才。

古文转换站

从前吴起外出，遇到了老朋友，就留他吃饭。老朋友说："好，等我回来就吃饭。"吴起说："我等您一起吃。"老朋友到了傍晚还没有来，吴起不吃饭，一直等候他。第二天早晨，吴起派人去找老朋友，老朋友来了，吴起才同他一起吃饭。

古文趣味多

古文中的"然"和"诺"

在古文中，"然"和"诺"连用为"然诺"，是答允、许诺的意思，单独使用时，各自也都有肯定之义，但是它们的区别很明显。

"然"通常表示"是""对"；也可作意动用法，表示"认为对"，如"然之""不以为然"。"然"仅仅表示一种对事物的判断，不包含下一步的意愿。

"诺"则表示"好的"，正好是对下一步如何去做表明态度，并不包括判断过程。如尊对卑是"允诺"，表示不仅仅是允许对方去做，而且还要求对方必须做好；卑对尊是"谨诺"，表示自己会慎重地按照指示去做；平位之间是"承诺"，古人认为"一诺千金"，承诺者与被承诺者都应讲诚信。

智慧修炼场

1.辨析下列说法的正误,正确的打"√",错误的打"×"。

(1)"起不食待之"与"故人来,方与之食"中的"之"意思相同。（　　）

(2)"明日早"中的"明日"指第二天。（　　）

2.读完本文,你认为什么是诚信呢?

_____

_____

答案:1.(1)√ (2)√ 2.略。能表达出诚信看法,其之有道理即可。

商鞅立木建信

《史记·商君列传》

令既具①，未布，恐民之不信己，乃②立三丈之木于国都市南门，募（mù）③民有能徙（xǐ）④置北门者予十金⑤。民怪⑥之，莫敢徙。复曰："能徙者予五十金。"有一人徙之，辄予五十金，以明不欺。卒下令。

字词小贴士

① 具：准备。
② 乃：于是。
③ 募：广泛征求。
④ 徙：搬放。
⑤ 金：古代货币单位。
⑥ 怪：形容词意动用法，感到奇怪。

古文转换站

商鞅变法的条令已准备就绪，还没公布，担心百姓不相信自己，于是（命人）在都城市场南门放置一根高三丈的木头，招募能把木头搬到北门的人，给予十金。百姓对此感到奇怪，没有人敢去搬木头。（商鞅）又说："给予能搬木头的人五十金。"有一个人搬了木头，商鞅就给了他五十金，以此来表明没有欺骗百姓。最终颁布了法令。

古文趣味多

商鞅变法

商鞅（约前395—前338），姬姓，公孙氏，名鞅，卫国人。战国时期政治家、改革家、思想家、军事家，法家代表人物。

"商鞅变法"是秦国在秦孝公时期由商鞅主导实行的变法，推动了社会进步和历史发展。新法在政治上改革了秦国户籍制度、土地制度、税收制度、行政区划、度量衡、军功爵位的授予规则等，打击并瓦解了旧的血缘宗法制度，使封建国家机器的职能更加健全，中央集权制度的建设从此开始；经济上，新法重农抑商，改变了旧有的生产关系，废井田开阡陌，从根本上确立了土地私有制；军事上，新法奖励军功，达到了强兵的目的，极大提高了军队的战斗力，为秦国下一步的战略发展创造了有利条件。

商鞅变法是中国古代一次成功的变革，秦国由此成为一个强大的国家，为以后统一六国奠定了基础，并且确定了法治的思想。

智慧修炼场

1. 辨析下列句中加点字的意义是否恰当，正确的打"√"，错误的打"×"。

（1）令既具　　　　　既然　　　　　　（　　）

（2）能徙者予五十金　给　　　　　　　（　　）

（3）辄予五十金　　　就　　　　　　　（　　）

2. 读完本文，你获得了怎样的启示？

文侯①守信

《魏文侯书》

文侯与虞人②期猎③。是日,饮酒乐,天雨④。文侯将出,左右曰:"今日饮酒乐,天又雨,公将焉之⑤?"文侯曰:"吾与虞人期猎,虽乐,岂可不一会期⑥哉?"乃往,身自罢⑦之。

字词小贴士

① 文侯：即魏文侯，姬姓，魏氏，名斯，是战国时期魏国的建立者。
② 虞人：管理山林的官员。
③ 期猎：约定打猎。期，约定。
④ 雨：下雨。
⑤ 焉之：到什么地方去。之，去。焉，哪里。
⑥ 会期：会面赴约。
⑦ 罢：停止，取消。

古文转换站

魏文侯与管理山林的一个小官约好了去打猎。这天，魏文侯与文武百官开怀畅饮，天下起雨来。文侯准备去赴约，左右官员们说："今天喝酒这么欢乐，天又下雨，您要到什么地方去？"文侯说："我与管理山林的官员约好了去打猎啊，虽然饮酒欢乐，但哪能不去赴约呢？"文侯于是前往赴约，亲自停止了酒宴。

古文趣味多

侯在古代是什么爵位？

秦朝以前，王以下分别是公、侯、伯、子、男五个爵位。侯地位尊贵，仅次于公。先秦时期的侯属于国君级别的，只听命于天子。侯在秦朝属于爵制中的一级，可以享受封地内的赋税，但汉代以后很少参与封地内行政管理。侯可以世袭，一般功劳卓著，不受普通官员的指挥管辖。

智慧修炼场

1.下列句中加点的字解释不正确的一项是（　　　）

A.文侯与虞人期猎　　　　　　约定

B.公将焉之　　　　　　　　　用在句末，无实义

C.岂可不一会期哉　　　　　　难道，怎么

D.乃往，身自罢之　　　　　　于是

2.这则故事体现出了魏文侯什么样的品德？你还知道哪些类似的故事？

答案：1.B　2.例：体现出了他诚实守信的品质。类似的故事有曾子杀猪、商鞅立木为信、季布一诺千金。

曾参（shēn）教子①

《韩非子·外储说左上》

曾子之妻之市，其子随之而泣。其母曰："女还，顾反为女杀彘（zhì）②。"

妻适③市来，曾子欲捕彘杀之。妻止之曰："特④与婴儿戏耳！"曾子曰："婴儿非与戏也。婴儿非有知⑤也，待父母而学者也，听父母之教。今子欺之，是教子欺也。母欺子，子而不信其母，非所以成教也。"遂烹（pēng）⑥彘也。

字词小贴士

① 曾参：字子舆，春秋末年鲁国人。他是孔子的弟子，被尊称为"曾子"。
② 彘：猪。
③ 适：到……去。
④ 特：只。
⑤ 有知：懂事。
⑥ 烹：煮。

古文转换站

　　曾参的妻子到市集上去，她的儿子跟在她后面哭。孩子的母亲就说："你回去吧，等我回来给你宰一头猪吃。"

　　妻子从市集上回来了，曾子想要捉一头猪来杀了。他妻子阻止他说："我不过跟孩子开个玩笑罢了！"曾子说："不能跟小孩开玩笑。孩子还不懂得什么道理，把父母当作老师来学习，听父母的教育。现在你欺骗他，就是教孩子撒谎。母亲欺骗孩子，孩子就不会相信他的母亲，以后就难以教导他了。"于是把猪肉煮了。

古文趣味多

古文中的省略句

　　在古文中，省略句是常见的句式类型。主要有：①承接前面的句子省略，或在对话中省略某个成分。如本文中"待父母而学者也"，承前省略"婴儿"，应为"（婴儿）待父母而学者也"。②承前省略动词，如"一鼓作气，再（鼓）而衰，三（鼓）而竭"（《左传·曹刿论战》）。意思是：第一次击鼓振作了士气，第二次（击鼓）士气低落，第三次（击鼓）士气就衰竭了。③省略动词后的某个成分。如"尉剑挺，广起，夺（剑）而杀尉"（《史记·陈涉世家》）。意思是：校尉扬起剑，吴广奋起，夺下剑并且杀死了校尉。

智慧修炼场

1.辨析下面的通假字。

（1）女还　　　　　　同（　　），意思是（　　　　）

（2）顾反为女杀彘　　　同（　　），意思是（　　　　）

2.请根据你对古文的理解，补出句子中省略的内容。

（1）（　　）顾反为汝杀彘。

（2）（　　）特与婴儿戏耳。

第94课

晏殊诚实

《梦溪笔谈》

晏元献公①为童子②时,张文节③荐之于朝廷,召至阙(què)下④。适值御试进士⑤,便令公就试。公一见试题,曰:"臣十日前已作此赋⑥,有赋草尚在,乞别命题。"上极爱其不隐。

字词小贴士

① 晏元献公:即晏殊,北宋人。"元献"是他的谥号。
② 童子:童子科中的生员。古代12—16岁、能博通经典的儿童可以入选童子科。
③ 张文节:即张知白,北宋人。"文节"是他的谥号。
④ 阙下:指朝廷。阙,宫门处的望楼。
⑤ 御试进士:由皇帝亲自主考的科举制度。
⑥ 赋:我国古代文章的一种文体。

古文转换站

晏殊在童子科的时候,张文节把他推荐给朝廷,皇帝把他召到宫中。正好遇到皇帝亲自主试进士,就命令晏殊一同应试。晏殊一看试题，就说："我在十天前就已经写过这个题目的文章了，草稿还在，希望您再出一个题目。"皇帝非常喜欢他的诚实。

古文趣味多

"大晏"和"小晏"

晏殊和晏几道是父子，他们都是北宋时期著名的词人。晏殊在北宋文坛享有极高的地位，特别擅长小令，风格含蓄婉丽。晏几道是婉约派词人，其词多写爱情生活。晏殊和晏几道被人们称为"大晏"和"小晏"。

请欣赏晏殊《浣溪沙》：

一曲新词酒一杯。去年天气旧亭台。夕阳西下几时回。

无可奈何花落去，似曾相识燕归来。小园香径独徘徊。

请欣赏晏几道《临江仙》：

梦后楼台高锁，酒醒帘幕低垂。去年春恨却来时。落花人独立，微雨燕双飞。

记得小蘋初见，两重心字罗衣。琵琶弦上说相思。当时明月在，曾照彩云归。

智慧修炼场

1. 中国古代科举制度中，殿试录取分为三甲，一甲有三名，你能写出这三名的名称吗？

2. 你认为晏殊的诚实主要表现在哪里？

第十六辑 正己修身

大学之道①

《大学》

大学之道，在明明德②，在亲民③，在止于至善。知止④而后有定，定而后能静，静而后能安，安而后能虑⑤，虑而后能得⑥。

字词小贴士

① 大学之道：大学的宗旨。"大学"是相对于"小学"而言的"大人之学"。"道"本义是道路，引申为规律、原则等。

② 明明德：发扬光明正大的品德。前一个"明"作动词，是"发扬、弘扬"的意思。后一个"明"作形容词，是"光明正大的"的意思。

③ 亲民：一说"亲"作"新"。"新民"即使人弃旧图新、去恶从善。

④ 知止：知道目标。

⑤ 虑：思虑。

⑥ 得：收获。

古文转换站

大学的宗旨，在于弘扬光明正大的品德，在于使人弃旧图新，在于使人达到道德修养的最高境界。知道应达到的境界才能志向坚定，志向坚定才能镇静不躁，镇静不躁才能性情安和，性情安和才能思虑周详，思虑周详才能有所收获。

古文趣味多

什么是儒学"三纲八目"？

所谓"三纲"，是指明明德、亲民、止至善，这既是《大学》的纲领旨趣，也是儒学"垂世立教"的目标所在。所谓"八目"，是指格物、致知、诚意、正心、修身、齐家、治国、平天下，这是儒学为我们所展示的人生进修阶梯。纵览四书五经，儒家的全部学说实际上都是循着"三纲八目"而展开的，抓住"三纲八目"就等于抓住了一把打开儒学大门的钥匙。

智慧修炼场

1. 本文是《大学》的开头部分，里面包含着儒学的"三纲"，它们是什么呢？从文中找出来，并写在下面。

_____

2. 《大学》是"四书"之一，你能写出其他三部吗？

_____

答案：1.明明德、亲民、止于至善 2.《论语》《中庸》《孟子》

吾日三省（xǐng）①吾身

《论语·学而》

曾子曰："吾日三省吾身，为人谋②而不忠③乎？与朋友交而不信④乎？传（chuán）⑤不习乎？"

字词小贴士

① 三省：多次进行自我检查。三，多次。省，自我检查、反省。
② 为人谋：替人谋划事情。
③ 忠：竭尽自己的心力。
④ 信：诚信。
⑤ 传：传授，指老师传授的知识。

古文转换站

曾子说："我每天多次反省自己，替别人谋划有没有尽心竭力呢？跟朋友交往是不是有诚信呢？老师传授的知识是否复习过了呢？"

古文趣味多

古文中的"三"和"九"

在古文中，"三"和"九"往往不是表示"三"和"九"两个具体的数字，而是虚数，表示"多"的意思。比如"三思""三人行必有我师""九死一生"等词句中的"三"和"九"都是虚数。为什么常用"三"和"九"来代表多数呢？

春秋末期的老子是道家的创始人，他用"道"来说明宇宙万物的本质、构成、变化和本原。他说："一生二，二生三，三生万物。""三"就是指天、地、人，它的含义当然非常广大。"三"又"生万物"，所以，"三"泛指多数、多次。而"三三得九"，"九"又是个位数中最大的，人们将它看作是数的终了，代表物之广、阳之极，有"极多"的意思。因此，我们在看到古文里的"三"和"九"时，要好好分辨一下它们究竟是实数还是虚数。

智慧修炼场

1.判断下列句中加点字的解释是否正确,正确的打"√",错误的打"×"。

(1)吾日三省吾身　　　　　日子　　　　（　）

(2)为人谋而不忠乎　　　　　替　　　　　（　）

2.《论语》中有不少修身的名句,你能再写出一句吗?

_____

_____

答案:1.(1)√ (2)× 2.例① :博学而笃志,切问而近思,仁在其中矣。(《论语·子张》) 例②:己所不欲,勿施于人。(《论语·颜渊》)

诫①子书②

《诸葛亮集》

夫君子③之行,静④以修身,俭以养德。非淡泊⑤无以明志⑥,非宁静无以致远⑦。夫学须静也,才须学也,非学无以广才⑧,非志无以成学。淫(yín)慢⑨则不能励精⑩,险躁⑪则不能治性⑫。年与时驰⑬,意与日去,遂成枯落⑭,多不接世⑮,悲守穷庐⑯,将复何及!

字词小贴士

① 诫：告诫、劝勉。
② 书：书信。
③ 君子：品德高尚的人。
④ 静：摒除杂念和干扰，宁静专一。
⑤ 淡泊：内心恬淡，不慕名利。
⑥ 明志：明确志向。
⑦ 致远：达到远大目标。致，达到。
⑧ 广才：增长才干。
⑨ 淫慢：放纵懈怠。淫，放纵。慢，懈怠。
⑩ 励精：振奋精神。
⑪ 险躁：轻薄浮躁，与上文"宁静"相对而言。
⑫ 治性：修养性情。治，修养。
⑬ 驰：疾行，指迅速逝去。
⑭ 枯落：凋落，衰残。比喻人年老志衰，没有用处。
⑮ 多不接世：意思是对社会没有任何贡献。
⑯ 穷庐：穷困潦倒之人住的陋室。

古文转换站

　　有道德修养的人，依靠内心安静来修养身心，以俭朴节约财物来培养自己高尚的品德。做不到内心恬淡、不慕名利就无法明确志向，不排除外来干扰就无法达到远大目标。学习必须静心专一，而才干来自勤奋学习，不学习就无法增长才干，不明确志向就不能在学习上获得成就。放纵懈怠就不能振奋精神，轻薄浮躁就不能修养性情。年华随时光迅速逝去，意志随岁月逐渐消逝，最终凋落衰残，大多对社会没有任何贡献，只能悲哀地困守在自己穷困的陋室里，到时悔恨又怎么来得及！

古文趣味多

中国古代对房子的称谓

（1）宫：古代帝王的住所或神庙，前者如"故宫"，后者如"雍和宫"。

（2）殿：高大的房屋，特指供奉神佛或帝王受朝理政的房屋，前者如"大雄宝殿"，后者如"太和殿"。

（3）府：旧指大官、贵族的住宅，今指国家元首办公或居住的地方。前者如"贾府"，后者如"总统府"。

（4）邸：高级官员的住所，如"官邸"。

（5）室：房屋或内室。前者如"豪人之室"，后者如"入室又弗见也"。

（6）厢：正房两侧房屋，如"西厢房"。

（7）宇：屋檐，后泛指房屋，如"各安其宇"。

（8）庐：临时搭建的草棚，没有梁、柱，也没有门楣。如"悲守穷庐""三顾茅庐"。

智慧修炼场

1.对下列句中加点词语的理解有错误的一项是（　　）

A.非淡泊无以明志　　　　没有什么可以拿来

B.淫慢则不能励精　　　　振奋

C.意与日去　　　　　　　意志

D.遂成枯落　　　　　　　实现

2.这篇古文中有不少成语至今仍被广泛使用，请写出两个。

答案：1.D　2.例：淡泊明志　宁静致远

许衡①不食无主之梨

《元史·许衡传》

许衡尝暑中过河阳②,渴甚,道③有梨,众争取而啖之,衡独危坐树下自若。或问之,曰:"非其有而取之,不可也。"人曰:"世乱,此无主。"曰:"梨无主,吾心独无主乎?"

字词小贴士

① 许衡：字仲平，元初大臣，官至集贤大学士。
② 河阳：地名，今河南省孟州市。
③ 道：道路。

古文转换站

许衡曾经在盛夏时经过河阳，十分口渴，道路旁有棵梨树，众人都争抢着摘梨来吃，许衡独自端正地坐在树下，安然如常。有人问他为什么不吃，许衡说："不是自己拥有的却取走它，是不可以的。"那人说："现在时局混乱，这棵梨树没有主人。"许衡说："梨树没有主人，我的心难道也没有主人吗？"

古文趣味多

古文中的"阴"和"阳"

古人认为，"阴阳"代表一切事物最基本的对立关系，是自然界的客观规律，是万物运动变化的本源，是人类认识事物的基本法则。"阴阳"的概念源自古代中国人民的自然观。古人观察到自然界中各种对立又相连的大自然现象，如天地、日月、昼夜、寒暑等，便以哲学的思维方式归纳出"阴阳"这个概念。

在古文中，"阴"指山的北面，水的南面；"阳"指山的南面，水的北面。

后来"阳"引申为太阳、阳光，又引申为温暖，还引申为明亮。"阴"引申为没有太阳、没有阳光，又引申为寒凉、幽暗。

智慧修炼场

1.如果让你给摘无主之梨的人写一句规劝的话，你会怎么说？

2.这篇小古文告诉了我们什么道理？给了我们怎样的启示？

答案：1.例：春的是东西，不取是人格。 2.例①：我们可以失去，但我们的内心不可以失去主张。 例②：做人要有自己的原则，有自己的底线和准则，坚持自己的底线不逾越。

徐文贞宽厚

《玉堂丛语》

徐文贞归里,遍召亲故①。一人取席间金杯藏之帽,公适见之。席将罢,主者②检器,亡其一,亟(jí)③索之。公曰:"杯在,勿觅也。"此人酒酣潦倒④,杯帽俱堕(duò)⑤,公亟转背,命人仍置其帽中。只此一端,想见前辈之厚。

字词小贴士

① 故：老友。
② 主者：管家。
③ 亟：同"急"，急忙。
④ 潦倒：举止散漫。
⑤ 堕：掉下来，坠落。

古文转换站

　　徐文贞回到老家，宴请所有的亲戚和故友。其中一个人拿取宴席上的金杯藏在自己的帽子里，徐文贞恰巧看见了。宴席即将结束的时候，管家检查餐具，发现丢了一个，急忙到处找。徐文贞说："金杯在，不要找了。"那个偷金杯的人酒喝得正尽兴，举止散漫，金杯和帽子都掉到地上了，徐文贞急忙转过身去，让仆人仍然将金杯藏在他的帽子中。只这一件事，就可想见徐文贞前辈的宽厚。

古文趣味多

"里长"是个什么官？

　　古代的里长，大致相当于现在的村委会主任。

　　早在春秋时就已有里正一职，是一里之长，又称里君、里尹、里宰等，负责掌管户口、赋役等事。《论语·里仁》："里仁为美，择不处仁，焉得知。"《公羊传·宣公十五年》何休注："一里八十户……其有辩护伉健者，为里正。"秦、汉两朝一直沿用里正一职。一般说到汉代官制或地方行政制度，总说"积里为亭，积亭为乡"。唐朝也有里正一职，当时百户为一里，五里为一乡，每里置里正一人。杜甫《兵车行》云："去时里正与裹头，归来头白还戍边。"明代改"里正"为"里长"，并以一百一十户为一里。

第十六辑　正己修身　149

智慧修炼场

1. 文中"公亟转背,命人仍置其帽中"的用意是什么?

   _____

   _____

2. 从这篇古文中可知,徐文贞是个怎样的人?

   _____

   _____

答案:1.为让刚才发现此事的人下台阶。 2.圆滑、他是个重友谊、待人宽厚的人。

吕蒙正不计人过

《涑（sù）水见闻》

吕蒙正相公①，不喜计人过。初参知政事②入朝堂，有朝士③于帘内指之曰："是小子亦参政耶？"蒙正佯（yáng）④为不闻而过之。其同列⑤怒，令诘其官位姓名，蒙正遂止之。罢朝，同列犹不能平，悔不穷问⑥。蒙正曰："一知其姓名，则终身不能忘，固不如无知也。不问之何损？"时人服其量⑦。

字词小贴士

① 相公：古代对宰相的称呼。
② 参知政事：官名，副宰相。
③ 朝士：朝中官员，有资格入朝廷的中央官吏。
④ 伴：伴装，假装。
⑤ 同列：同在朝廷做官的同事。
⑥ 穷问：彻底追究。穷，穷尽，完结。问，追究。
⑦ 量：度量，气量。

古文转换站

宰相吕蒙正，不喜欢计较别人的过失。他刚出任参知政事，进入朝堂时，有一位同朝官员在朝堂帘内指着吕蒙正说："这小子也能当上参知政事？"吕蒙正装作没有听见走过去了。他的同僚非常愤怒，让人追问那个人的官位和姓名，吕蒙正急忙制止了他。下朝以后，他的同僚仍然愤愤不平，后悔没有彻底追究。吕蒙说："一旦知道那个人的姓名，就终生忘不掉了，因此还不如不知道的好。不去追问又有什么损失呢？"当时的人都佩服他的气量。

古文趣味多

说"穷"

"穷"指"尽"。如《登鹳雀楼》："欲穷千里目，更上一层楼。"又如"帝欲使其言穷"，意为"皇帝想让他把话说尽"。由"尽"可以引申为"彻底"。本文"悔不穷问"，意为"懊悔没彻底追问"。又指"走到尽头"，如《桃花源记》："复前行，欲穷其林。"它还可以解释为"困窘""贫困"等。

古代"相公"是什么意思?

古代"相公"的意思大致如下:①旧时对宰相的敬称。魏王粲《从军行》:"相公征关右,赫怒震天威。"这里的"相公"指曹操。②旧时对男子的敬称。③对学徒的戏称。④旧时妇女对丈夫的敬称。⑤旧时对读书人的敬称,后多指秀才。如《范进中举》中"你如今既中了相公,凡事要立起个体统来"提到了相公一词。⑥旧时指京津等地戏院中饰小旦的男演员。⑦泛称官吏。

智慧修炼场

1. 你能说出下列句子中加点词语的意思吗?
（1）是小子亦参政耶　　　（　　　）
（2）蒙正佯为不闻而过之　（　　　）
（3）悔不穷问　　　　　　（　　　）

2. 从吕蒙正的言行中,你得到了什么启示?
_____
_____
_____

答案:1.（1）这（2）佯装,假装（3）穷尽,彻底。 2.例:吕蒙正为人正直,豁达大度,不是斤斤计较别人的过失,能善于接纳入善言,勇于接受他人意见,有利于我们宽其自己的胸襟,我觉得我们人与人之间,对于自己的批评要有博大的胸怀。